초등학교에서 **긍정심리학** 실천하기

저자 | 추병완 김광수 전수인

꿈구두

초등학교에서 긍정심리학 실천하기

머리말

세계의 저명한 여러 교육철학자는 학생의 행복을 학교교육의 중요한 목적으로 재설정하려는 노력을 경주하는 중이다. 이를테면 브리그하우스(Brighouse)는 인간의 번영(flourishing)을 증진하는 것이야말로 교육의 중심 목적이라고 주장하고 있고, 화이트(White)는 학교가 무엇보다도 먼저 번영의 모판이 되어야만 한다고 주장한다. 나딩스(Noddings)는 학생이 행복한 삶을 영위하게 하는 것이 교육의 목표가 되어야 한다고 역설하였다. 또한 드 러이터(de Ruyter)는 부모의 희망은 자신의 자녀가 번영하는 삶을 영위하는 것이라고 힘주어 말한다. 이들은 공통적으로 학교가 학생의 행복과 번영을 증진하는 것을 학교교육의 중요한 목표로 삼아야 한다는 사실을 강조한다.

한편, 긍정심리학은 인간의 최적의 기능 수행에 관한 과학적 연구이다. 긍정심리학의 목표는 인간의 행복이나 웰빙 수준을 높이는 것이다. 긍정심리학은 개인과 공동체가 번영하도록 돕는 요인을 이해하고, 그것을 실제 삶에 적용하는 것을 목표로 삼는다. 긍정심리학의 기본 원리를 상담, 심리 치료, 행동 수정, 학교교육에 적용할 때 기본 관점은 개인에게 발견된 문제를 교정하려는 시도에 그치는 것이 아니다. 오히려 그 과정에서 개인 각자의 강점에 주의를 기울여 강점을 적극적으로 활용하고 나아가 강점을 더욱 강화하는 데 있다. 학교에서 전통적인 접근법은 주로 주어진 문제를 해결하는 데 초점을 맞추었지만, 긍정심리학은 예방에 초점을 맞추는 가운데 능력과 강점을 계발하는 것을 중시한다. 따라서 긍정심리학에 근거한 개입 활동은 문제의 교정과 강점 계발 간의 균형을 적극적으로 추구한다.

우리는 이러한 학문적 흐름을 반영하여 이 책을 집필하였다. 이 책은 교사가 학교에서 긍정심리학의 실천을 통해 학생의 행복 수준이나 웰빙 수준을 높일 수 있는 실천적인 아이디어를 담고 있다. 이 책의 내용을 소개하면 다음과 같다.

이 책의 1부에서는 긍정심리학의 이론을 다루고 있으며, 2부에서는 초등학교에서 긍정심리학을 실천하는 구체적 방법들을 다룰 것이다. 2부의 1장은 긍정 정서로 회복탄력성이 높은 아이 기르기, 2장은 긍정정서로 행복한 아이 기르기, 3장은 대표 강점으로 나의 꿈을 찾아가는 아이 기르기로 구성하였다.

부록 1에는 2부의 초등학교에서 긍정심리학 실천하기의 학습지를 선별하였으며, 부록 2에는 김광수 수석교사의 교육에 대한 개인적인 생각을 정리한 것으로 책을 구성하였다.

이 책은 긍정심리학을 기반으로 초등학교 교실에서 손쉽게 적용할 수 있는 구체적인 수업 방안을 제시하는데 초점을 맞추었다. 특히, 여기서 제시한 교육 방법들은 초등학교 회복탄력성 프로그램의 효과 분석이라는 선우성경 선생님의 석사 논문과 초등학생의 삶의 목적을 주제로 한 교보문고 프로젝트 내용으로 구성되어 있다. 이 두 연구에서 학생들이 긍정교육 프로그램에 참여했을 때와 그렇지 않았을 때의 긍정정서, 행복감 척도, 회복탄력성의 척도가 유의미하게 차이가 났다.

저자들은 긍정심리학 프로그램을 초등교육에 적용하는 과정에서 적잖은 시행착오를 겪은 것도 사실이다. 그 과정에서 추병완 교수님의 검토와 자문을 통해 긍정심리학의 이론적 기초를 정립할 수 있었고, 긍정 교육 연구회 회원 선생님들의 지속적인 현장 적용과 치열한 토론을 통해서 이 프로그램을 완성할 수 있었다.

아직까지 우리나라에서 긍정심리학을 기반으로 초등학교에 적용하는 수업이 미미한 것을 볼 때 이 책이 학생들의 회복 탄력성과 긍정 정서 증진에 기여하고 교사들의 새로운 교수법에 도움이 될 것이라고 굳게 믿는다.

2021년 3월

추병완 · 김광수 · 전수인

부록1 학습지 모음

부록2 김광수 수석교사 교육 수필

1

긍정심리학 이해하기

1장
긍정심리학이란 무엇인가?

긍정심리학이란 무엇인가? 이에 대한 대답은 학자들마다 다소 차이를 보이고 있는데 그 중 몇 가지를 살펴보면 다음과 같다. 긍정심리학은 개인과 가정 그리고 공동체의 번영을 가능하게 하는 요인들을 발견하여 그것을 증진시키고자 하는 것을 목표로 삼는 인간의 최적 기능 수행에 관한 과학적 연구이다(Seligman & Csikszentmihalyi, 2000: 13). 긍정심리학은 행복, 안녕, 번영과 같은 인간 삶의 긍정적 측면에 관한 하나의 과학이다(Boniwell, 2006: 1). 긍정심리학은 개인과 공동체의 번영을 가능하게 하는 강점과 미덕뿐만이 아니라 신체적 · 정신적 · 사회적 · 정서적 안녕과 연관된 최적의 기능 수행에 관한 과학적 탐구이다(O'Grady, 2013: 1). 긍정심리학은 개인, 집단, 제도의 번영과 최적 기능 수행에 기여하는 조건과 과정을 과학적으로 연구하는 새로운 학문이다(Gable & Haidt, 2005: 104).

하늘 아래 새로운 것이 있을 수 없듯이 인간의 긍정적인 삶에 대한 연구를 목표로 하는 긍정심리학 역시 심리학 분야에 있어서 전혀 새로운 학문은 아니다. 그럼에도 불구하고 긍정심리학이 세간의 주목을 받을만한 그 나름의 이유가 존재한다. 그러한 이유에 대해 긍정심리학의 창시자인 셀리그먼은 다음과 같이 말한 바 있다. "긍정심리학 운동이 전달하고자 하는 메시지는 심리학이 흉한 모습으로 변형되었다는 사실을 우리 분야에 상기시키는 것이다. 심리학은 단지 질병, 약점, 손상에 관한 것이 아니다. 심리학은 강점과 미덕에 관한 학문이기도 하다. 치료는 잘못된 것을 고치는 것만이 아니다. 그것은 옳은 것을 형성시키는 것이기도 하다. 심리학은 단지 질병이나 건강에 관한 것만이 아니다. 그것은 일, 교육, 통찰, 사랑, 성장, 놀이에 관한 것이기도 하다. 그리고 이렇게 최상의 것을 탐색함에 있어서 긍정심리학은 단지 소망적 사고, 자기기만 혹은 속임수에 의존하지 않는다. 대신에 긍정심리학은 최상의 과학적 연구 방법을 복잡한 인간 행동이 드러내는 독특한 문제들에 적응시키고자 노력한다."(Seligman, 2002a: 4).

긍정심리학의 시작은 세계 2차 대전 이후 심리학이 인간이 가진 문제들과 그 치료에만 초점을 맞추어 왔다는 사실을 셀리그먼이 자각하는 데에서부터 비롯되었다. 전쟁 이후에 심리학은 인간의 기능 수행에 대한 질병 모델을 활용하여 손상을 치료하는 데에 중점을 두었다. 질병 모델을 활용한 병리학에 대한 배타적인 학문적 관심은 예기치 않은 결과를 초래하였다.

대부분의 과학적 심리학은 인간에게 올바른 것이 무엇인지에 대한 연구를 간과했고, 좋은 삶에 대한 심리학자들의 언급은 통속심리학자, 웅변가, 정치인이 하는 정도의 수준에서 벗어나질 못했다. 즉, 병리학에 대한 배타적 관심은 인간의 완성과 공동체의 번영에 대한 생각들을 무시하게 되었다. 그러다보니 인간이란 연약하고 부서지기 쉬운 존재로 여겨졌으며, 그러한 세계관이 미국의 일반 문화에 스며들면서 스스로를 희생자로 규정하는 좋지 않은 문화가 형성되었다. 긍정심리학은 바로 이러한 불균형을 바로잡으려는 시도이다. 긍정심리학은 약점만큼 강점에, 인생에 있어서 최악의 것을 회복하는 것만큼 최고의 것을 설계하는 것에, 그리고 불행한 사람들의 삶을 치유하는 것만큼 건강한 사람들의 삶을 충만하게 하는 것에 관심을 가지는 학문이다(Peterson, 2006: 5).

한편 긍정심리학은 치료보다는 예방에 더 중점을 두는 학문이다. 질병 모델을 이용하여 연구하는 심리학자들은 대부분 치료에만 심혈을 기울여왔다. 그들은 도저히 견디기 힘든 정신적 고통 때문에 치료를 받는 사람들을 돕는데 초점을 맞추었다. 일반적으로 긍정심리학자들은 치료보다는 예방의 중요성을 강조한다(Seligman, 2002b: 28). 산파가 손을 깨끗하게 씻으면 산모가 산욕열에 걸릴 가능성을 차단할 수 있고, 예방접종을 잘 해야 소아마비를 퇴치할 수 있는 것과 같은 이치다. 이를테면, 셀리그먼은 인간의 정신적 질병에 맞서서 완충 작용을 하는 인간의 강점이 존재한다고 믿는다. 그는 용기, 미래지향성, 낙관주의, 대인관계 기능, 신앙, 근로윤리, 희망, 정직, 인내, 몰입과 통찰을 위한 능력과 같은 인간의 강점들이 완충 역할을 해 준다고 주장한다(Seligman, 2002a: 5).

이렇듯 긍정심리학은 인간의 삶에서 최악의 것을 치료하는 것에 배타적으로 몰두하는 것으로부터 최상의 것을 형성하는 방향으로 학문적 관심 변화를 촉진하는 것을 그 목표로 삼는다. 긍정심리학의 도래에 따라 심리학자들은 그들의 초점을 정서적 결함을 가진 사람들로부터 보통 사람들의 일상적인 삶을 개선하도록 도와주는 것으로 바꾸었다. 긍정심리학은 좋은 것을 더욱 좋게 만드는 일에 관여하는 학문인 셈이다. 긍정심리학은 심리학 연구에서 행해진 이전의 불균형을 교정하여, 정신 질환의 치료와 예방에서 강점 형성을 학문적 연구와 실천의 중심으로 삼는 것을 목표로 한다(Seligman, 2002a: 3). 긍정심리학은 인간에게는 질병, 질환, 고통이 발생함과 동시에 덕과 탁월성도 주어진다는 사실을 기본 가정으로 삼는다. 긍정심리학자들은 덕과 탁월성 같은 주제가 부차적이거나 보조적이고, 환상에 불과하거나 확신이 없는 것이라고 생각하지 않는다(Peterson, 2006: 5).

긍정심리학자들은 자신들이 행복이나 웰빙의 개념을 주창했거나, 이론적 기초를 공고하게 만들었거나, 과학적인 연구를 시작했다고 주장하지 않는다. 대신에 그들은 이제껏 제각기 분리되어 시행되어 왔었던 연구들을 하나로 묶는 역할을 수행했다는 점 그리고 가치 있는 삶을 영위하는 데 필요한 것이 무엇인지를 밝히려는 주제가 심리학 내에서 독자적인 위상을 차지할 필요가 있다는 점을 사람들이 올바르게 자각하도록 만드는데 기여했다고 믿는다(Peterson, 2006: 6).

긍정심리학의 연구 주제

긍정심리학은 긍정적 정서, 긍정적인 성품 특질, 권능적인 제도에 관한 연구를 위한 우산과 같은 용어이다(Seligman et. al., 2005: 410). 긍정심리학의 주된 연구 분야는 긍정적 정서, 긍정적 성품, 긍정적 제도이다. 달리 말해, 긍정심리학은 세 가지의 상이한 수준에서 작동한다(Boniwell, 2012: 3, Seligman & Csikszentmihalyi, 2000: 5; Seligman, 2002a: 3). 주관적 수준은 기쁨, 안녕, 만족, 충족, 행복, 낙관주의, 몰입과 같은 긍정적 경험에 대한 연구를 포함한다. 이 수준은 좋은 것을 행하거나 좋은 사람이 되는 것보다는 좋은 느낌을 갖는 것에 초점을 맞춘다. 확대 형성 이론(the broaden-and-build theory)은 사고 · 행위의 레퍼토리의 관점에서 긍정적인 정서 형태들을 서술하고, 지속적인 개인적 자원을 형성한다는 관점에서 긍정적 정서의 기능을 설명한다. 그러므로 긍정적인 정서 경험은 인간의 성장과 발달에 기여함과 동시에 지속적인 영향을 미친다. 긍정적 정서는 우리의 사고-행위 레퍼토리를 확대하고, 부정적 감정의 활성화를 억제하며, 쾌활성을 증가시켜주고, 심리적 레퍼토리를 형성하며, 감정적 안녕을 향한 상향식 발달 나선(developmental spiral)을 촉진한다(Fredrickson, 2001: 220-223).

개인적 수준의 목표는 좋은 삶의 구성 요소와 좋은 사람이 되는데 필요한 개인적 특성을 발견하는데 있다. 따라서 성격 강점과 미덕, 미래지향성, 사랑을 위한 능력, 용기, 인내, 용서, 독창성, 지혜, 대인관계 기능, 영재성에 대한 연구에 초점을 맞춘다(Seligman, 2002: 3). 여기서 긍정 특질(positive traits)이란 일시적인 심리 상태가 아니라 개인이 지속적으로 나타내는 긍정적인 행동양식이나 탁월한 성품과 덕목을 의미한다(권석만, 2009: 24).

집단 혹은 공동체 수준에서의 강조점은 시민성과 공동체의 발전에 기여할 수 있는 시민으로서의 미덕, 사회적 책임, 양육, 이타성, 교양, 관용, 근로윤리, 긍정적 제도와 여타의 요인들을 다룬다.

이 수준은 우리 자신보다는 더욱 큰 어떤 것을 목표로 하여 긍정적 행동을 취하는 것과 관련되어 있다(Seligman, 2002a: 3). 이 수준은 긍정심리학이 구성원의 행복과 자기실현을 지원하는 긍정적인 기관에 대해서 관심을 갖고 있음을 의미한다(권석만, 2009: 24).

긍정심리학은 다른 접근법들과 몇 가지 점에서 공통점을 갖는다. 먼저 긍정심리학은 인본주의 심리학(humanistic psychology)과 공통점을 갖고 있다. 레스닉(Resnick et al., 2001)과 그 동료들은 긍정심리학과 인본주의 심리학의 공통점으로 절정 경험과 자기실현을 추구하기, 긍정적인 인간 잠재력 · 다양성 · 자기 수용 · 공감의 역할에 초점 맞추기, 긍정적 경험과 정서의 중요성을 강조하기를 지적하였다. 하지만, 셀리그만과 칙센트미하이는 긍정심리학과 인본주의 심리학은 다르다고 주장하면서 다음의 두 가지 논거를 제시한다. 첫째, 긍정심리학은 좋은 삶과 그렇지 않은 삶 모두를 실제 생활에서 일어날 수 있다고 보지만, 인본주의 심리학은 인간은 태어날 때부터 완전하다고 주장한다. 둘째, 긍정심리학은 과학적 방식으로 연구하는 것을 매우 중시하지만, 인본주의 심리학은 연구 방법으로서의 과학에 대해 회의적이고 또한 과학이 정말 중요한 것을 밝혀낼 수 있을지에 대해서도 의심이 가득하다(Peterson, 2006: 9).

카보스키(Karworski et al., 2006)와 그 동료들은 인지적 행동 치료(cognitive behavior therapy)와 긍정심리학의 공통점으로서 문제를 해결하는 것뿐만 아니라 행복한 삶의 성취에 도움을 주기, 광범위한 치료보다는 분명하고 의미 있는 목표에 초점을 맞추기, 과거보다는 지금과 여기를 강조하기, 부정적 정서를 감소시키기 위해 부정적 사고를 현실적이고 긍정적인 것으로 재구조화하기, 미래의 문제에 대한 완충으로서 유익하고 현실 기반적인 사고 역량을 발달시키기, 기분 조절이 수반하는 유쾌한 행동들을 계획하기, 성공적인 경험을 발견하여 검토하기, 문제 해결 역량을 발달시키기를 제시하였다. 라슨(Larson, 2000)은 긍정심리학과 긍정적인 청소년 발달 접근(positive youth development approach)의 공통점으로서 긍정적 정서 · 개인적 강점 · 긍정적 가치와 긍정적 성품 특성에 초점을 맞추는 것과 학교와 같은 긍정적 제도와 청소년들의 연관성을 촉진하는 것을 언급하였다(Noble & McGrath, 2008: 120-121에서 재인용).

긍정심리학과 웰빙

긍정심리학은 행복이라는 용어가 과학적으로 사용되는 데에는 다소 진부하고 케케묵은 것이라고 생각하기 때문에, 행복을 세 가지의 상이한 영역으로 세분한다. 각각의 영역은 측정 가능하고, 기능(skill)에 근거하고 있으며, 가르칠 수 있는 특징을 갖는다. 셀리그먼은 행복은 과학적으로 사용하기 어려운 개념이기 때문에, 연구 수행을 위해서는 행복에 이르는 독특하면서도 제대로 정의된 경로를 담고 있는 용어로 분리할 필요가 있음을 강조하였다(Seligman et. al, 2005: 413; Seligman, 2011: 11). 그에 의하면, 긍정심리학에서의 행복한 삶은 즐거운 삶, 관여적인 삶, 의미 있는 삶으로 구성된다(Seligman et al., 2009: 296). 즐거운 삶이란 긍정적 정서를 느끼면서 사는 삶이다. 관여적인 삶 혹은 좋은 삶은 자신이 추구하는 활동에 열정적으로 참여하고 몰입함으로써 자신의 성격 강점과 잠재력을 발휘하여 자기실현을 이루어나가는 삶이다. 의미 있는 삶이란 자신보다 더 큰 무엇을 위해서 자신의 대표 강점과 미덕들을 활용하는 삶이다. 이렇게 볼 때, 긍정심리학에서 보는 완전한 삶(full life)이란 긍정적 정서를 경험하는 것, 자신의 대표 강점으로부터 풍부한 만족을 이끌어내는 것, 의미 추구를 위해 자신보다 더 큰 무엇을 위해 대표 강점과 덕목들을 활용 · 실천하며 사는 삶이다.

그러나 셀리그먼은 최근의 저서를 통해 행복에 관한 기존의 관점을 수정하였다. 한동안 그는 긍정심리학의 주제는 행복(happiness)이고, 행복을 측정하기 위한 기준은 바로 삶의 만족(life satisfaction)이라고 생각했었다. 그러나 이제 그는 긍정심리학의 주제는 안녕(well-being)이고, 안녕을 측정하기 위한 기준은 바로 번영(flourishing)이며, 긍정심리학의 목표는 번영을 증가시켜 주는 것이라고 주장한다. 그는 이러한 생각의 변화를 〈표 1〉과 같이 표현하였다(Seligman, 2011: 12).

〈표 1〉 진정한 행복 이론과 안녕 이론의 비교

구분	진정한 행복 이론	안녕 이론
주제	행복	안녕
측정	삶의 만족	긍정적 정서, 관여, 의미, 긍정적 관계, 성취
목표	삶의 만족 증가	긍정적 정서, 관여, 의미, 긍정적 관계, 성취를 증가시킴으로써 번영을 증가시키는 것

그는 진정한 행복 이론은 행복을 삶의 만족으로 조작적으로 정의하면서 아리스토텔레스의 일원론(monisim)에 가까워지는 오류를 범했다고 말한다. 반면에 안녕은 그러한 일원론으로부터 벗어나게 해 주는 기여 요소들을 갖고 있다. 셀리그먼은 안녕의 5가지 구성 요소를 긍정적 정서(positive feeling), 관여(engagement), 관계(relationships), 의미(meaning), 성취(accomplishment)라고 규정하면서, 앞 글자를 따서 간단히 PERMA라고 표현한다(Seligman, 2011: 16). 이 다섯 가지 요소들은 안녕에 기여하고, 많은 사람들은 그 자체를 위해 이 요소들을 추구하며, 각 요소는 다른 요인들로부터 배타적으로 정의되고 측정될 수 있다.

웰빙교육의 중요성

긍정심리학자들은 학교가 학생들에게 웰빙을 가르쳐야만 한다고 주장한다. 학교에서 웰빙을 가르쳐야 하는 이유는 무엇인가? 긍정심리학자들은 이에 대해 세 가지의 중요한 근거를 제시한다(Seligman et al., 2009: 294-295). 첫째는 학생들 사이에 만연하고 있는 우울증의 증가이다. 전 세계적으로 대략 1/5에 해당하는 학생들이 고등학교를 졸업할 때까지 우울 증세를 경험한다고 한다. 학생들이 겪고 있는 우울증은 50년 전에 비해 10배나 증가했다. 이렇듯 학생들이 겪고 있는 우울증이 날로 심각해지고 있음에도 불구하고, 이에 대한 적절한 대응 조치가 제대로 마련되지 못하고 있기에, 학교에서 웰빙에 대해 보다 적극적으로 가르칠 필요가 있다.

둘째, 부유함(prosperity) 혹은 현대성(modernity)이라는 이름 아래 모든 것이 이전에 비해 좋아지고 있음에도 불구하고, 많은 사람들은 이전에 비해 자신의 삶에 대해 만족하지 못하고 있다는 사실이다. 경제 발전과 생활수준이 이전에 비해 훨씬 나아지고 있음에도 불구하고, 사람들의 삶에 대한 만족도는 점점 낮아지고 있는 부조화가 발생하고 있는 것이다.

셋째, 웰빙과 학습은 서로 시너지(synergy) 효과를 낼 수 있다. 웰빙의 증가는 전통적인 교육의 목적인 학습에서의 증가를 산출한다. 긍정적 기분은 주의력의 확대, 창의성의 증가, 전체주의적인 사고의 증가를 가져오는 반면에, 부정적인 기분은 주의력 감소, 비판적 사고의 증가, 분석적 사고의 증가를 수반한다. 두 가지 유형의 사고 모두 중요한 것임에도 불구하고, 학교는 창의적 사고 대신에 비판적 사고와 그것의 촉진에 도움을 주는 부정적 정서를 강조한다.

이렇듯 긍정심리학자들은 학교가 웰빙을 가르쳐야 하는 이유를 비교적 분명하게 제시한다. 그들은 학교에서의 웰빙교육이 우울증에 대한 해독제로서, 삶의 만족도를 제고하기 위한 도구로서, 그리고 보다 나은 학습과 창의적 사고를 촉진하기 위한 조력자로서 기능할 것이라고 믿는다. 학생들이 학교에 다니고 있는 한, 학교는 마땅히 학생들이 그들의 웰빙을 제고할 수 있도록 도와주어야 한다는 논리이다.

긍정심리학자들은 학교에서의 웰빙교육을 뒷받침해 줄 수 있는 자신들의 연구 결과를 제시한다. 학교에서의 웰빙교육을 정당화하기 위해 그들이 제시하고 있는 긍정심리학의 대표적인 연구 결과는 다음과 같다(Seligman et al., 2009: 296-297).

첫째, 낙관주의적인 사람들이 염세주의적인 사람들에 비해 심장 질환으로 사망하는 비율이 훨씬 낮다. 둘째, 18세 때에 사진사 앞에서 진실한 미소를 보인 여성들이 거짓된 미소를 지은 여성들에 비해 결혼 생활 만족도가 훨씬 높을 뿐만 아니라 훨씬 낮은 이혼율을 보여주었다. 셋째, 긍정 정서는 인종 편견을 어느 정도 감소시켜 준다. 일반적으로 사람들은 자기가 속한 인종의 사람들을 타 인종의 사람들보다 더 잘 인식하지만, 사람들이 기분이 좋을 때에는 타 인종의 사람들 얼굴을 위한 기억력이 증가함으로써 그러한 차이가 감소한다. 넷째, 외부적 요인(기후, 금전, 건강, 결혼, 종교)들은 삶의 만족에서의 차이를 설명함에 있어서 기껏해야 그 비중이 15%도 되지 않는다. 다섯째, 의미 추구와 관여는 쾌락 추구보다도 삶의 만족을 더 많이 예측해준다. 여섯째, 경제적으로 성공한 회사 직원들은 회의를 할 때 긍정 진술과 부정 진술의 비율이 최소한 2.9대 1이지만, 경제적으로 침체한 회사 직원들은 그 비율이 훨씬 낮았다. 성공적인 결혼 생활을 하는 부부들은 긍정 진술과 부정 진술의 비율이 최소한 5대 1이었다. 일곱째, 자제력(self-discipline)은 IQ에 비해 고등학교 성적과 관련하여 두 배나 높은 예측력을 갖는다. 여덟째, 같은 조건하에서의 행복한 10대들은 불행한 10대들보다 15년 후에 훨씬 더 많은 수입을 올리고 있었다. 아홉째, 자신의 배우자에게 생긴 좋은 일을 축하해 주는 방식이 나쁜 사건에 어떻게 반응하는지에 비해 이후의 사랑과 헌신을 더욱 잘 예측해 준다. 열째, 사람들은 가정보다는 직장에서 더 많은 몰입(flow)을 경험한다.

이렇듯 긍정심리학자들은 학교에서의 웰빙교육을 정당화하기 위한 다양하면서도 놀랄만한 연구 결과를 제시한다. 동시에 그들은 학교에서 웰빙교육의 정당성을 다음과 같이 함축적으로 표현한다. “긍정적 정서, 관여, 의미를 이해하기 위한 과학적 근거가 점증하고 있다. 그러한 상태들은 그 자체로 가치가 있고, 우울증을 없애준다. 그것들은 삶의 만족을 증가시켜 주고, 창의적 학습을 증진시켜 준다. 그러므로 우리는 학교에서 웰빙을 가르쳐야만 한다.”(Seligman et al., 2009: 297).

행복하고 건강하며 도덕적으로 선한 아이를 길러내는 것은 모든 부모와 교사들의 궁극적 목적이다. 이에 대해 나딩스는 다음과 같이 말한 바 있다. "최상의 가정과 학교는 바로 행복한 장소이다. 이렇게 행복한 장소의 성인들은 교육의 한 가지 목적이 행복이라는 사실을 인정한다. 그들은 또한 행복이 수단과 목적 둘 모두로서 기능한다는 사실을 인정한다. 행복이 무엇인지를 이해하며 성장한 아이들은 자신들의 교육 기회를 즐겁게 파악하고, 타인들의 행복에도 기여할 것이다. 만약 아동들이 학교에서 행복해야 한다면, 그들을 가르치는 교사들 역시 행복해야만 한다는 것도 분명하다. 우리는 이렇듯 분명한 관계를 자주 망각한다. 끝으로, 기본적으로 불편한 사회적 양심(uneasy social conscience)을 지닌 행복한 사람들은 더욱 행복한 세상을 만드는데 기여할 것이다."(Noddings, 2003: 261).

행복, 건강, 선한 품성에 대한 구체적인 정의가 시간과 장소 그리고 문화에 따라 달라질 수 있다고 하더라도, 개인과 사회에 있어서 그것들의 중요성 자체는 크게 변하지 않는다. 그럼에도 불구하고, 우리는 행복을 학교교육의 중요한 목적으로 설정하지 않은 채 오로지 지력 계발에만 치중해 왔고, 그 결과 학생들은 무한 경쟁이 수반하는 스트레스와 갈등 속에서 삶의 의미와 만족을 제대로 느끼지 못하고 있다. 과도한 입시 경쟁과 날로 증가하는 학교 폭력의 위협 속에서 우리의 학생들은 높은 수준의 고독감 · 우울증과 자살 충동을 경험하며 불행하게 살고 있는 것이다.

물론 많은 교육학자들이 교육과 행복의 관계에 대한 분석과 탐구를 시도하였지만, 행복에 대한 과학적인 분석과 교육적 실천은 긍정심리학을 통해 활발하게 진행되었다. 긍정심리학은 삶에서 올바른 것에 대한 과학적 탐구이다. 그것은 적정 경험, 즉 사람들이 최상의 상태에서 최선을 다하는 것에 대한 탐구이다. 긍정심리학은 삶을 가장 가치 있게 만드는 것들에 대한 탐구이다. 현대 긍정심리학의 기여 사항은 두 가지이다. 기존의 심리학 이론과 연구에서 고립되었던 노선들을 포괄하기 위한 우산과 같은 용어를 제공하는 것이고, 삶을 가치 있게 만드는 것은 독자적인 심리학적 탐구 분야가 되기에 마땅한 것이라는 자의식적인 주장이다. 긍정심리학의 이론 틀은 좋은 삶을 기술하고 이해하기 위한 하나의 포괄적인 도식을 제공한다.

참고문헌

Boniwell, I. (2006), Positive psychology in a nutshell, London: PWBC.

Compton, W. C. & Hoffman, E. (2012), Positive Psychology: The science of happiness and flourishing, Belmont: Thomson Wadsworth.

Compton, W. C. (2005), Introduction to positive psychology, Belmont: Thomson Wadsworth.

Fredrickson, B. L. (2001), "The role of positive emotions in positive psychology: The broaden-and-build theory of positive emotions", Journal of American Psychological Association, 54, 218-226.

Gable, S. L. & Haidt, J. (2005), "What (and why) is positive psychology?", Review of General Psychology, 9(2), 103-110.

Greenberg, M., Weissberg, R., O'Brien, M., Zins, J., Fredricks, L., Resnick, H. & Elias, M. (2003), "Enhancing school-based prevention and youth development through co-ordinated social, emotional, and academic learning", American Psychologist, 58, 466-474.

Larson, R. W. (2000), "Toward a psychology of youth development", American Psychologist, 55, 170-183.

Larwoski, L., Garratt, G. M. & Ilardi, S. S. (2006), "On the integration of cognitive-behavioral therapy for depression and positive psychology", Journal of Cognitive Psychotherapy, 20(2), 159-170.

Noddings, N. (2003), Happiness and education, Cambridge: Cambridge University Press.

O'Grady, P. (2013), Positive psychology in the elementary classroom, New York: W. W. Norton & Company, Inc.

참고문헌

Peterson, C. (2006), A primer in positive psychology, Oxford: Oxford University Press.

Resnick, S., Warmoth, A. & Selin, I. A. (2001), "The humanistic psychology and positive psychology connection: Implications for psychotherapy", Journal of Humanistic Psychology, 41, pp. 73-101.

Ryff, C. D. (1989), "Happiness is everything, or is it? Explorations on the meaning of psychological well-being", Journal of Personality and Social Psychology, 57, pp. 1069-1081.

Schaps, E. (2003), "Creating a school community", Educational Leadership, 60(6), 31-33.

Seligman, M. E. P. & Csikszentmihalyi, M. (2000), "Positive psychology: An introduction", American Psychologist, 55, 5-14.

Seligman, M. E. P. (2002a), "Positive psychology, positive prevention, and positive therapy", In C. R. Snyder & S. J. Lopez (Eds.), Handbook of positive psychology (pp. 3-9), New York: Oxford University Press.

Seligman, M. E. P. (2002b), Authentic happiness, New York: Free Press.

Seligman, M. E. P. (2011), Flourish: A visionary new understanding of happiness and well-being , New York: Free Press.

Seligman, M. E. P., Ernst, R. M., Gillham, J., Reivich, K. & Linkins, M. (2009), "Positive education: Positive psychology and classroom interventions", Oxford Review of Education, 35(3), pp. 293-311.

Seligman, M. E. P., Steen, T. A., Park, N. & Peteson, C. (2005), "Positive psychology progress: Empirical validation of interventions", American Psychologist, 60(5), pp. 410-421.

Snyder, C. R., Lopez, S. J. & Pedrotti, J. T. (2010), Positive psychology: The scientific and practical explorations of human strengths, Thousand Oaks: SAGE Publications, 2010.

2장
긍정 정서와 회복탄력성

인간의 정서는 개인 내적인 그리고 개인 간의 삶에서 매우 중요한 위상을 점유한다. 정서 경험은 우리가 긍정적이든 혹은 부정적이든 모종의 기능을 수행하는데 강력한 영향을 미친다. 이러한 강력한 영향력 때문에 정서 경험은 자유로이 부유해서는 안 된다. 오히려 우리의 정서 경험과 표현은 우리 자신 및 사회의 요구에 부합하도록 어느 정도 조절될 필요가 있다. 수많은 연구는 정서 조절이 우울 위험 감소, 폭력 표현에 대한 통제력 증가, 도덕성 발달을 포함한 심리적 발달에 매우 효과적임을 보여주었다.

일반적으로 정서 조절(emotion regulation)은 여러 부류의 정서를 활용하여 환경 자극에 통제된 방식으로 반응하는 개인의 능력을 지칭한다. 정서 조절은 개인이 경험하는 정서의 유형, 그러한 정서를 경험하는 시점, 그러한 정서를 표현하고 경험하는 방식에 영향을 주려는 시도를 의미한다. 달리 말해, 정서 조절은 주어진 상황에서 정서 반응의 범위와 적절한 수준을 가늠하여 표현할 수 있는 능력을 뜻한다. 주어진 상황이나 환경의 자극 단서에 대해 자신에게 생긴 정서가 무엇인지를 분명하게 알아차리고, 그것을 적절하게 표현하거나 통제하는 방법을 익히는 것은 아동기의 성공적인 발달에 매우 중요하다. 그 이유는 아동의 사회 · 정서 역량이 심리적 · 사회적 웰빙과 신체 · 정신 건강의 중핵을 이루고 있기 때문이다.

최근 긍정심리학 및 긍정교육의 확산과 더불어 아동의 웰빙과 삶의 질 향상에서 긍정 정서 조절의 중요성이 더욱 커지는 추세다. 긍정 정서 경험은 단순히 우리를 기분 좋게 만드는 데에 그치지 않는다. 그것은 직업, 대인 관계, 신체 건강과 같은 중요한 삶의 영역에서 매우 장기적인 이득을 가져다주기도 한다. 우리에게 널리 알려진 긍정 정서의 확장 및 축적 이론(broaden-and-build theory)에 따르면, 긍정 정서는 지적 · 심리적 · 사회적 · 신체적 자원을 확장 · 축적함과 동시에 부정 정서의 효과를 취소하는 강력한 힘을 발휘한다. 긍정 정서 경험을 유지하고 강화하는 것은 개인의 심리적 회복탄력성 향상에도 매우 효과적이다(Tugade & Fredrickson, 2008, 320). 실제로 '3가지 좋은 일'(three good things)이나 '축복 헤아리기'(counting blessings)와 같이 긍정 정서에 초점을 맞춘 개입 프로그램은 학생의 우울과 불안을 예방하고, 삶의 만족을 증가시켜 주는데 탁월한 효과가 있음이 이미 수많은 연구를 통해 입증되었다(Seligman et al., 2009, 294). 도덕 심리학의 최근 연구 결과 역시 감사, 고양, 감탄, 경외와 같은 긍정 도덕 정서가 도덕 판단과 행동에서 중요한 역할을 수행한다는 것을 잘 보여준다(추병완, 2019: 230).

긍정 정서의 기능

우리는 정서를 그 유인가에 따라 긍정 정서와 부정 정서로 구분한다. 사실 대부분의 정서 연구자는 긍정 정서보다는 부정 정서 연구에 심취했기에, 긍정 정서의 본질과 기능에 관한 연구의 역사는 일천하다. 긍정 정서는 미소나 웃음처럼 명백한 행동을 통해 표현되는 긍정적인 기분 상태의 경험과 표현을 포괄하는 쾌락적 · 행동적 · 동기적 · 생리적인 특성을 포함한다. 일반적으로 긍정 정서는 적응적이고, 접근이나 욕망 동기를 포함하며, 유쾌한 유인가를 갖고 있다. 부정 정서는 주관적으로 기분을 나쁘게 하고, 자기 보호적인 동기 부여 기능에 기여하지만, 긍정 정서는 주관적으로 기분을 좋게 하고, 욕망 동기 부여 기능을 수행한다.

프레드릭슨(Fredrickson)이 제시한 긍정 정서의 확장 및 축적 이론은 긍정 정서의 고유한 적응적 기능을 명쾌하게 설명한다. 이 이론은 기존의 정서 연구에서 제대로 설명하지 않은 긍정 정서의 독특한 효과를 잘 설명한다. 긍정 정서의 확장 및 축적 이론에 따르면, 긍정 정서는 특정한 행동 경향성을 제공하기보다는 오히려 확장된 그리고 확산된 사고-행동 경향성을 활성화한다. 긍정 정서는 우리의 주의력을 확장함과 동시에 유연한 사고, 의사결정, 창의성을 촉진하여 우리의 사고를 확장한다. 이러한 경험은 축적되고 복합되어 심리적(예: 대처와 회복탄력성, 자기 효능감, 수동성 감소, 마음 챙김, 정체성 발달, 목표 지향, 낙관성), 사회적(예: 사회적 지지, 긍정적 평판, 사회적 유대 강화 및 새로운 유대 생성), 지적(예: 마음 챙김 인식, 추론 기술, 특정 지식, 문제 해결 기술, 새로운 정보 학습), 신체적 영역(예: 면역 기능, 신속한 스트레스 조절, 힘 증가 및 심혈관 건강 증진)에서의 성장과 발달을 가능하게 한다. 이렇게 축적된 자원은 다시 확산적 사고와 행동의 폭을 넓혀 주고, 그 결과 새로운 개인적 자원의 축적에 기여한다. 이런 식으로 축적된 새로운 자원은 우리 조상이 신체와 생명을 위협하는 위험을 극복하며 생존할 기회를 높여주었다.

이것을 아동의 놀이에 적용하여 생각해보자. 아이에게 노는 것은 기쁨이라는 긍정 정서를 수반한다. 놀이는 아이의 신체적 자원을 축적해주고, 사회적 놀이는 지속적인 사회적 유대와 애착을 축적한다. 아동의 놀이는 창의성 수준을 증가시켜 지적 자원을 축적하고, 공감과 감사에 필요한 마음 이론을 만들어내며, 두뇌 발달에 연료를 제공한다. 이렇듯 놀이와 자원 축적 간의 연합은 놀이가 아동 발달에 본질적임을 말해 준다.

긍정 정서의 확장 및 축적 이론은 긍정 정서에 기능과 기제를 부여한다. 여기서 긍정 정서의 기능은 진화를 통해 선택된 것으로 오래 지속할 수 있는 개인적 자원을 구축하는 것이다. 그리고 이러한 효과를 가져 오는 단기적인 기제는 바로 사고-행동의 레퍼토리가 확장된다는 것이다. 한편 긍정 정서는 취소 기능도 갖는다. 긍정 정서는 부정 정서의 사후 효과를 교정하거나 취소한다.

취소 기능은 대처 과정에서 긍정 정서의 중요한 역할을 이해하는데 많은 도움을 준다. 연구 결과는 공포, 노염, 불안과 같은 부정 정서가 경보(alarm) 기능을 갖고 있음을 보여 준다. 부정 정서는 우리의 몸이 맞서 싸우거나 아니면 도망가도록 생리적으로 준비 태세를 갖추게 하는 교감 각성을 산출한다. 이와는 반대로 만족, 기쁨, 관심과 같은 긍정 정서는 누그러뜨리는 진정 기능을 갖고 있다. 긍정 정서는 부정 정서가 생성한 교감 각성을 해체하고, 스트레스를 받기 이전의 수준으로 되돌아가는 생리적 반응을 생성하는데 많은 도움을 준다(추병완, 2019: 233-234).

“긍정 정서와 회복탄력성”

회복탄력성에 관한 거의 모든 개념 정의는 곤란, 고난, 역경, 도전에 대처하는 데 필요한 개인적 강점을 증명할 수 있는 개인의 역량을 언급한다. 회복탄력성은 삶에서 조우하는 변화 · 도전 · 좌절 · 실망 · 곤란한 상황 · 역경에서 지속하고, 적응적으로 대처하며, 되튀어 나와서 자신에게 합당한 웰빙 수준으로 복귀할 수 있는 능력을 의미한다. 그것은 또한 어려운 상황에 적응적으로 반응하고 계속 번영할 수 있는 능력을 의미한다. 회복탄력성은 도전에 직면한 이후에 정신 건강이나 신체 건강에서 유지 · 회복 · 증진을 의미하기도 한다(추병완·최윤정·이은미, 2020: 8). 그러므로 회복탄력성 구인에서 가장 중요한 두 가지 구성 요소는 바로 역경과 긍정적인 적응이라고 말할 수 있다(Luthar et al., 2014: 126). 회복탄력성에 관한 연구는 역경에서의 긍정적 적응에 영향을 주는 다양한 보호 요인과 위험 요인을 발견하였다.

회복탄력성 연구는 긍정심리학이 태동하기 훨씬 이전부터 수행되었지만, 연구 결과에서 긍정심리학과 공통점이 많기에 긍정심리학의 핵심 이론으로 쉽게 부상할 수 있었다. 두 분야의 연구에서 공통적으로 확인된 가장 중요한 결과는 바로 관계의 중요성이다. 회복탄력성 연구와 긍정심리학 연구는 공통적으로 회복탄력성과 웰빙에서 관계가 중요하다는 사실을 입증하였다. 이것은 회복탄력성이 근본적으로 관계에 근거한다는 주장(Luthar, 2006: 780)과 회복탄력성은 본질적으로 사회적인 것이라는 주장(Zautra, 2014: 185), 그리고 긍정심리학을 세 단어로 요약하면 ‘타인이 중요하다(Other people matter.)’는 표현에서(Peterson, 2006: 249) 가장 잘 드러난다.

오늘날 긍정심리학 관점에서 회복탄력성 가설은 웰빙의 상향 나선이 긍정 정서의 확장 효과에 의해 촉발한다고 상정한다.

개념의 관점에서 웰빙의 상향 나선은 우울증의 하향 나선과는 정반대에 해당한다. 부정 정서는 일종의 터널 비전을 유발하므로 그런 상태에서는 협소하고 제한된 사고만이 가능하다. 이러한 부정적인 사고는 더 많은 부정적인 영향을 초래하고, 이것은 매우 빠르게 밑바닥으로 향할 수 있다. 이와는 대조적으로, 긍정 정서는 우리의 시야를 제한하는 눈가리개를 제거하여 사람들이 더 많은 가능성을 보고 더욱 낙관적으로 생각할 수 있게 한다. 긍정 정서를 아주 빈번하게 경험하는 사람은 웰빙의 상향 나선을 경험할 가능성이 더욱 크다. 긍정 정서는 그 자체로도 즐겁지만, 그것보다 더 중요한 것은 웰빙의 상향 나선이 사람들의 대처 기술의 도구 상자를 만드는 데 도움이 된다는 사실이다(Tugade & Fredrickson, 2007: 320). 따라서 긍정 정서를 더욱 자주 경험하는 사람은 삶에서 직면하는 역경과 도전에 더 잘 대처하면서 회복탄력적인 방식으로 생활할 수 있다.

긍정 정서가 회복탄력성에 도움을 주는 이유는 회복탄력성의 이중 처리 모델(dual process model)을 통해서 잘 드러난다(Tugade, Devlin & Fredrickson, 2014: 28). 스트레스를 받는 동안에 긍정 정서가 활성화되는 2가지의 독특하면서도 보완적인 경로가 존재한다. 하나는 통제된, 반응에 초점을 맞춘 긍정 정서의 활성화이고, 다른 하나는 자동적인 긍정 정서 처리다. 이중 처리 이론의 핵심 교리는 사고 · 감정 · 행동이 2개의 분리된 그렇지만 보완적인 처리에 의해 추동된다는 것이다. 자동적 처리와 통제된 처리는 4가지의 중요한 특성을 갖는다. 인식(awareness): 처리가 일어나는 것을 의식적으로 인식하고 있는가? 효율성(efficiency): 인지 자원이나 주의력 자원을 투자하는 정도. 의도(intention): 자신의 사고 · 감정 · 행동에서 자신이 주도권을 갖고 있는 것으로 보는가? 통제(control): 그 행동을 어떤 식으로든 수정할 수 있는가? 이중 처리 모델은 스트레스를 관리하는 목적에서 긍정 정서가 자동적 또는 통제된 처리를 통해 유발된다는 것을 이해하는 데 도움을 준다.

먼저 회복탄력성의 통제된 처리에 대해 살펴보면 다음과 같다. 회복탄력성에 관한 이전의 많은 연구는 스트레스에 직면하여 긍정 정서 활성화의 통제된 처리의 역할을 조사하였다. 통제된 처리는 대처 행동에 도움을 주기 위해 긍정 정서를 의식적으로 또는 의도적으로 함양하는 것을 특징으로 한다.

① 유머를 생성하기: 유머는 자신의 기대와는 부조리한 어떤 것을 알아차리는 것을 포함하고, 유쾌한 감정으로 결말이 나는 긍정적인 정서 반응이다. 유머를 파악하고, 접근하며 공유하는 능력은 상이한 관점으로부터 사물을 바라볼 능력과 의욕 그리고 스스로를 향해 웃는 능력과 의욕을 포함한다. 유머를 생성하도록 사람들을 안내하는 것은 치료적인 측면에서 유익한 것으로 밝혀졌다.

연구 결과는 회복탄력성 특질에서 개인차는 부정적인 정서 경험에 대처할 때 긍정 정서의 유익한 효과를 활용하는 능력을 예측한다는 것을 보여준다. 예를 들어, 회복탄력적인 사람은 대처 전략으로 유머를 빈번하게 활용하는 행복하고 에너지가 넘치는 사람이다. 회복탄력적인 아이는 스트레스 상황에서 유머 생성 능력이 탁월하다. 긍정 정서와 연합된 전략인 유머를 활용하여 대처하는 것은 회복탄력적인 사람이 스트레스를 줄이고, 관점을 복원하며, 타인과 계속 관계함으로써 긍정적인 사회적 지지와 지원 네트워크를 유지하게 해 준다.

유머는 어떻게 대처를 촉진하는가? 이에 대한 한 설명은 긍정 정서의 활발한 함양이다. 샘슨과 그로스(Samson & Gross, 2012)는 긍정적인 유머와 부정적인 유머 스타일 중 어느 것이 대처를 촉진하는지를 조사했다. 긍정 유머는 긍정적인 정서 경험을 증진하고, 부정적인 정서 경험을 감소시켰다. 유머는 사람들이 상황을 다른 관점에서 평가하는 것을 가능하게 하고, 대안적인 관점을 갖는 것은 명료성과 통찰을 위한 기회를 제공한다. 따라서 긍정적인 유머를 생성하는 것은 상황을 더욱 바람직한 다른 관점에서 볼 수 있게 하여 대처와 사회적 목표 달성에 도움을 준다(Tugade, Devlin & Fredrickson, 2014: 32).

② 마음 챙김: 자신의 내적 또는 외적 경험에 대해 의도적으로 주의력을 지속하는 인지 상태인 마음 챙김은 회복탄력성을 높이는 잠재력을 가진 전략이다. 마음 챙김은 현재 순간을 지향하고, 비판단적으로 수용하여 실행하는 인식의 상태를 의미한다. 마음 챙김은 적응적인 대처 전략이고, 대처 효능감을 향상시켜 준다. 마음 챙김은 긍정 정서를 유발하고, 심리적 고통과 신체적 고통을 감소시켜 준다. 마음 챙김은 코르티솔을 감소시키고 부교감 신경계 활동을 증가시켜 자율 신경계 기능을 바꾸어 준다.

③ 자원화(capitalization): 좋은 소식을 사랑하는 사람과 나누는 것은 사람들이 스트레스에 대처하는 또 다른 방식이다. 개인적인 긍정 사건을 공유하는 것을 의미하는 자원화는 사회적 교류를 통해 긍정 정서를 함양하는 의식적이고 대인관계적인 처리다. 좋은 소식을 타인과 나누는 것과 관련된 연구 결과는 좋은 사건의 공유가 기억 가능성과 그것을 중요성을 부각시키는 것을 통해 이득을 가져다준다는 것을 입증한다. 좋은 소식의 공유는 부정 정서와 고독감을 감소시키고, 자부심, 주관적 웰빙, 삶의 만족, 자존감 개방적으로 확대된 정신적 초점이라는 이득을 가져온다.

④ 의미 만들기: 개인은 부정적인 사건에서 의미의 원천을 발견한다. 포크먼과 모스코위츠(Folkman & Moskowitz, 2000)는 3가지 의미 만들기 경로를 발견했는데, 각각은 곤경의 한 가운데서 긍정 정서 경험을 촉진한다. 긍정적 재평가(positive reappraisal)는 어려운 상황에서 긍정적인 측면을 발견하는 것을 의미한다. 문제 초점 대처(problem-focused coping)는 스트레스 유발 요인 자체를 관리하려는 직접적인 시도를 의미한다. 일상 사건에 의미 부여하기는 계획된(친구와 어울리기) 또는 기대하지 않은(작은 칭찬) 일상 사건에서 긍정적인 의미를 발견하는 것을 의미한다. 이 3가지는 효과적인 대처를 촉진한다. 일상생활에 의미를 부여하는 것은 사회적지지, 희망, 자신에 대한 태도에서 긍정적인 결과를 가져온다.

⑤ 이득 발견하기(benefit finding): 이득 발견하기 또는 이득 상기하기(benefit reminding)는 역경의 도중에서 긍정적인 의미를 발견하는 전략이다. 이것은 우울증 감소, 사회적 지지 증가, 신체적 활동, 의미감 충만, 심리적 적응, 신체 건강 결과와 관련이 있다. 이득 발견하기는 트라우마, 질병, 여타의 부정적인 경험과 같은 도전적인 생활 사건에 대처하는 투쟁으로부터 나온 긍정적인 삶의 변화를 보고하는 것을 의미한다. 이득 발견은 역경에서 긍정적인 성장을 연역하는 과정이다.

이제 회복탄력성의 자동적인 처리 과정에 대해 살펴보자(Tugade, Devlin & Fredrickson, 2014: 34). 자동적인 처리는 통제 처리와는 몇 가지 점에서 다르다. 자동적 처리는 고의적이지 않은, 힘이 들지 않는, 통제하지 않은 처리를 의미한다. 이것은 개인의 의식적인 인식 외부에서 발생한다. 통제된 처리는 의도적이고 통제할 수 있고, 힘이 드는 것이고, 의식적인 탐지의 경계 안에서 작동한다. 쾌락주의적인 유인가를 부가하던지 또는 환경 단서의 적절함이나 가치를 계산하는 가운데 정서 조절의 상당 부분은 거의 자동적으로 이루어진다.

의미 만들기와 같은 긍정 정서 활성화의 통제된 처리는 장시간 지속하는 스트레스 유발 요인을 관리하는데 수많은 소중한 이득을 가져다준다. 그러나 이 통제된 처리가 즉각적이고 단기간의 스트레스 유발 요인에는 덜 효율적일 수 있다. 위기가 갑작스럽게 그리고 예상하지 않은 가운데 닥치면(예: 심장 마비, 자연재해), 긍정 정서의 통제된 처리는 효율적이지 않다. 왜냐하면 우리는 우리의 주의력과 자원을 더욱 긴박한 관심사에 투자할 필요가 있기 때문이다. 그러므로 회복탄력성의 이중 처리 모델은 또 다른 회복탄력성 경로를 제안한다. 긍정 정서의 자동적 활성화는 개인이 단기적인 스트레스 유발 요인이나 위기에 직면할 때 자원을 사용하지 않아도 된다.

긍정 정서의 자동적 활성화는 일상생활에 편재한다. 자동 처리는 상향식 처리(bottom process)라고 불리기도 하는데, 왜냐하면 그것이 종종 자극에 의해 유발되는 것이기 때문이다. 예를 들어, 산행을 하다가 갑자기 나타난 뱀을 본 경우나 또는 유쾌한 디저트의 경우처럼 우리는 예상하지 않은 정서 유발 요인에 접할 수 있다. 그 유발 요인은 즉각적인 의식 밖에서의 정서 반응을 활성화한다. 긍정 정서의 자동적 처리는 몇 가지 방식에서 활성화될 수 있다.

① 의식 외적인 점화(nonconscious priming): 자동적 처리는 무의식적으로 또는 아주 적은 의도적인 노력으로 활성화되는 긍정 정서를 포함한다. 통상적으로 이러한 정서 경험은 자기 주변의 어떤 한 국면에 의해 활성화되는 감각 경험의 결과로써 발생한다. 이를테면, 한겨울에 햇볕의 따뜻함은 기쁨의 감정을 유발한다. 바다의 향기는 휴가 때의 좋은 기억을 다시 불러일으킨다. 이러한 사례는 최소한의 의식적인 노력을 담고 있는 그리고 긍정 정서를 생성하는 것에 관한 어떤 인식이 없이도 발생하는 긍정 정서의 자동 활성화를 잘 예시한다.

② 암묵적인 목표(implicit goals): 회복탄력성 처리의 자동 활성화를 이해하는 또 다른 방식은 자동적으로 개시될 수 있고, 개인의 의식적인 인식 바깥에서 실행될 수 있는 '대처를 위한 목표'(goals for coping)를 조사하는 것이다. 자동적 정서 조절에 관한 연구는 암묵적인 목표가 주어진 상황에서 자신의 정서 경험을 자동적으로 변화시키는 것이 가능함을 보여준다. 예를 들어, 어떤 사람은 상황이 슬픔을 유발할 때는 언제나 눈물을 참으려는 암묵적인 목표를 설정할 수 있다. 이 자동적인 정서 조절 목표는 개인이 그렇게 하겠다는 의식적인 결정을 내리지 않는 가운데 또는 주의력이나 생리적 자원을 소모하지 않는 가운데 그리고 의도적인 통제가 없이도 발생할 수 있다. 따라서 정서 조절 전략은 사실상 스트레스 상황을 극소화하려는 목적으로 자동적으로 활성화될 수 있다. 이러한 자동적으로 활성화되는 전략은 개인에게는 최소한의 손실이 생기는 것이기에, 심리적 웰빙을 위한 긍정적인 결과를 산출한다.

③ 활성화 빈도: 긍정 정서의 자동적 처리는 잘 실천하고 있는 대처 전략의 반복적인 사용을 통해 시간이 지나면서 발달할 수도 있다. 이런 방식으로 자동적 처리와 통제된 처리는 서로 손을 잡고 작용한다. 긍정 정서의 통제된 처리는 행동 학습의 조건화 경우처럼 자동화될 수 있다. 개인이 특수한 자극과 내적 처리의 빈번하고 일관된 짝 짓기를 갖고 있다면, 그 처리의 활성화는 반복적으로 결합보다는 자극을 탐지할 때는 언제나 자동적인 것이 된다. 이것은 개인에게 성공적으로 작동하는 행동이나 정서의 자동화를 허용한다. 정서 조절의 통제된 처리는 그것이 빈번하게 사용될 경우 자동적인 것이 되어, 그것의 사용에서 더 이상의 의식적인 수고와 노력을 기울일 필요가 없게 된다. 자동 처리와 통제 처리 간의 이러한 상호 작용과 보완적 기능 그리고 회복탄력성의 이중 처리 모델이라는 두 경로는 회복탄력적인 반응에 포함될 수 있다.

④ 접근 가능성: 어떤 긍정 정서의 자동적 처리는 정서 상태에서 어떤 변화를 포함하는 것이 아니라 오히려 단지 정서에 대한 접근 가능성을 강화하는 것일 수 있다. 로빈슨(Robinson)은 만성적인 접근 가능성은 주어진 유형의 자극을 인식할 준비성이라고 설명했다. 이전 연구에서 상이한 범주의 접근 가능성(예: 노인)이 의식 외적 점화를 통해 증가하였다. 그러한 과제 동안, 참가자는 개념에 의식적으로 노출되었다. (예: 뒤섞인 문장 과제에서 파묻힌 단어) 이러한 점화는 그 처리가 일어나고 있다는 인식이 없이도 범주에 대한 접근 가능성을 높였다. 정서 지식에 대한 접근 가능성은 이전 연구에서 성공적으로 점화되었다. 이 방법은 정서 개념에 대한 인지적 접근 가능성이 자신의 현재 정서 상태에 영향을 주지 않으며 증가할 수 있음을 보여준다.

참고문헌

추병완·최윤정·이은미(2020), "긍정심리학의 기본 이론에 근거한 시민교육", 『도덕윤리과교육』, 66호, 1-26.

추병완(2019), 『긍정 도덕교육론』, 서울: 한국문화사.

Luthar, S. S. (2006), "Resilience in development: A synthesis of research across five decades", In D. Cicchetti & D. J. Cohen (Eds.), Developmental psychopathology, Vol. 3: Risk, disorder, and adaptation (pp. 739-795), Hoboken: Wiley.

Luthar, S. S., Lyman, E. L. & Crossman, E. J. (2014), "Resilience and positive psychology", M. Lewis & K. D. Rudolph (Eds.), Handbook of Developmental Psychopathology (pp. 125-140), New York: Springer.

Peterson, C. (2006), A primer in positive psychology, New York: Oxford University Press.

Tugade, M. M., Devlin, H. C. & Fredrickson, B. L. (2014), "Infusing positive emotions into life: The broaden-and-build theory and a dual-process model", In M. M. Tugade, M. N. Shiota & L. D. Kirby (Eds.), Handbook of positive emotions (pp. 28-43), New York: The Guilford Press.

Tugade, M. M. & Fredrickson, B. L. (2007), "Regulation of positive emotions: Emotion regulation strategies that promote resilience", Journal of Happiness Studies, 8, 311-333.

Zautra, A. J. (2014), "Resilience is social, after all", In M. Kent, M. C. Davis, & J. W. Reich (Eds.), The resilience handbook: Approaches to stress and trauma (pp. 185-196), New York: Rutledge.

3장
국외에서의 긍정심리학 실천 사례

아동의 행복에 대한 관심이 늘어나면서 긍정교육은 미국과 오스트레일리아를 비롯한 세계 여러 나라의 학교로 퍼져나가고 있다. 학교는 학생들이 많은 시간을 보내면서 그들의 행복에 영향을 미치는 다양한 측면들과 상호작용을 하는 장소임을 고려할 때, 학교는 학생들의 행복을 증진하기 위한 새로운 계획을 수립하여 실천하기에 가장 이상적인 공간이다. 여기서는 오스트레일리아, 영국, 중국, 포르투갈 학교에서의 적용 사례를 간략하게 살펴보고자 한다.

오스트레일리아의 실천 사례

오스트레일리아는 긍정심리학을 학교에서 선도적으로 실천하는 대표적인 국가로 손꼽힌다. 긍정교육은 학생의 플로리싱 증진을 위해 긍정심리학의 원리를 학교 공동체의 맥락에 최적으로 적용하려는 교육적 시도를 의미한다. 긍정교육은 긍정심리학이 학교 공동체 안에 어떻게 총체적 · 효율적으로 용해되어 학업 기능 향상과 플로리싱 증진이라는 학교교육의 기본 목표를 달성할 수 있는지를 보여주는 새로운 교육 패러다임이다. 오스트레일리아에서 2011년에 9개 학교로 처음 시작했던 긍정교육 학교 연합(PESA: Positive Education Schools Association)은 지금은 100여개 이상의 학교를 포함하는 거대한 조직으로 발전하면서 오스트레일리아의 긍정교육을 이끌어가고 있다. 긍정교육 학교 연합의 비전은 웰빙 과학과 긍정심리학이 교육 체제 전반에 통합되어 모든 학생, 학교, 공동체가 번영할 수 있게 하는 것이다. 동시에 그것의 사명은 증거에 기반을 둔 긍정교육의 실행과 발전을 선도 · 증진 · 촉진하는 것이다. 오스트레일리아의 여러 학교 중 지롱 그래머 스쿨(Gellong Grammar School)은 긍정교육의 심장이라 불릴 정도다.

지롱 그래머 스쿨은 1855년에 개교한 이래 비약적인 발전을 거듭하여 지금은 유치원부터 고등학교까지 1,550여명의 학생과 400여명의 교직원으로 구성된 학교다. 2005년도에 셀리그먼이 지롱 그래머 스쿨을 처음 방문한 것은 이 학교의 역사를 바꾸는 결정적인 계기가 되었다. 2008년에 셀리그먼과 그 연구팀은 6개월 간 이 학교에 머물면서 긍정교육의 이론적 틀을 완성하였다. 그래서 지롱 그래머 스쿨에서는 처음에 셀리그먼이 제시한 웰빙의 5가지 요소인 PERMA 모델을 긍정교육의 모델로 사용하였다.

그러나 이 학교는 오스트레일리아의 대학 교수로 구성된 연구진의 도움을 받아 자체적으로 정교육 모델을 개발하려는 시도를 하였다. 2010년에 지롱 그래머 스쿨은 20명의 긍정심리학과 육학 전문가를 초청하여 연구진이 개발한 긍정교육 모델에 관한 자문을 받았다. 2011년에 구진은 전문가 집단의 자문 결과를 바탕으로 긍정교육 모델을 더욱 정교하게 다듬어 PERMAH 델을 개발하였으며, 2012년 3월 제 3차 오스트레일리아 '긍정심리학과 웰빙 학회'에서 긍정교육 델을 공식적으로 제시하였다(추병완, 2019: 73; Norrish, 2015: 30). 현재 지롱 그래머 스쿨은 문 인력을 갖춘 지롱 그래머 긍정교육 연구소(Geelong Grammar's Institute of Positive ducation)를 운영하고 있으며, 긍정교육 연수 프로그램을 통해 지금까지 600개 이상의 학교에서 0,000명 이상의 교직원을 교육하였다.

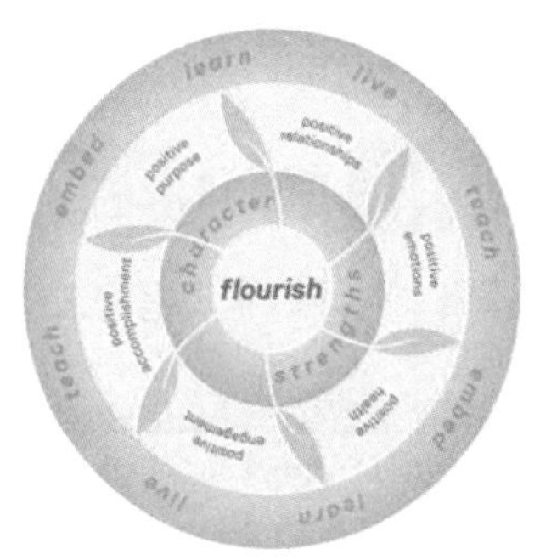

〈그림 1〉 지롱 그래머 스쿨의 긍정교육 모델

지롱 그래머 스쿨의 긍정교육 모델은 〈그림 1〉에서 볼 수 있는 바와 같이, 플로리싱을 핵심으로 삼으면서 성품 강점의 지원을 받는 6개의 영역으로 구성되어 있다. 긍정교육의 6개 영역은 긍정 관계, 긍정 정서, 긍정 건강, 긍정 관여, 긍정 성취, 긍정 목적으로 구성되며, 이것은 셀리그먼의 PERMA 모델에 긍정 건강을 새롭게 추가한 것이다. 여기서 성품 강점(character strengths)은 긍정교육 모델을 뒷받침하는 지지물로서 6개의 영역에 이르는 경로를 지원한다. 도덕적으로 가치 있는 특질을 의미하는 성품 강점은 긍정교육 모델의 토대가 되는 것이며, 우리는 성품 강점의 활용을 통해 실현감과 진실성을 얻을 수 있다. 성품 강점은 6개 영역 간의 연결을 만들어내어, 학생을 위한 긍정교육의 접근 지점을 제공한다. 지롱 그래머 스쿨에서는 학생이 자신의 대표 강점을 이해하는 것 그리고 타인의 강점을 확인하는 것을 강조한다. 성품 강점을 탐색하는 것은 자기 지식을 축적하고, 자신감과 확신을 갖게 하여 회복탄력성과 플로리싱에 기여한다(Norrish, 2015: 30-31).

한편, 지롱 그래머 학교의 긍정교육 모델은 〈그림 2〉에서 볼 수 있는 바와 같이, 4가지 수준을 강조한다. 4가지 수준은 바로 긍정교육을 학습하기(learn), 생활화하기(live), 가르치기(teach), 내장하기(embed)다. 흔히 이것을 일컬어 긍정교육의 응용 모델이라고 부른다.

4가지 수준은 서로에게 지속적으로 영향을 주고 정보를 제공한다는 점에서 누적적 · 종합적 역동적이다(Norrish, 2015: 34). 긍정교육을 학습하기는 교직원과 부모 훈련의 중요성을 강조한다 긍정교육을 생활화하기는 긍정교육을 단순히 가르치는 것만으로는 충분하지 않다는 사실에서 비롯한다. 이것은 교직원과 부모들이 긍정교육을 실천하는 것이 필요하다는 사실을 강조한다.

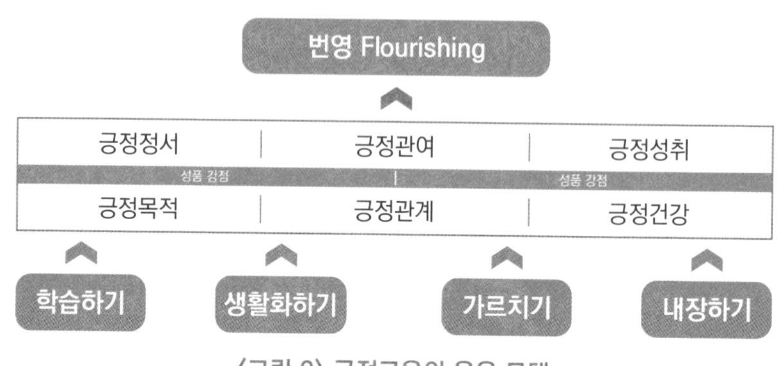

〈그림 2〉 긍정교육의 응용 모델

긍정교육을 가르치기는 명시적 학습과 암묵적 학습으로 구분된다. 명시적 학습은 〈표 2〉와 같이 긍정교육을 위해 특별하게 지정된 수업에서 웰빙을 직접 가르치는 것을 언급한다. 암묵적 학습은 웰빙 과학을 교육과정에 광범위하게 통합하는 것을 의미한다. 긍정교육을 내장하기는 긍정교육이 교직원 훈련이나 학생 대상의 수업에 국한되는 것이 아니라, 학교에서의 생활방식이 되어야 한다는 것을 의미한다(추병완, 2019: 77-78).

〈표 2〉 긍정교육의 명시적 프로그램

캠퍼스	학년 수준	담당 교직원	시간 할당
보스톡 하우스	유치원~4	담임 교사, 캠퍼스 소장, 캠퍼스 부소장	2주 1시간
투락	유치원~6	담임 교사, 캠퍼스 소장, 캠퍼스 부소장	2주 1시간
중학교, 코리오	5~6	담임 교사	2주 1시간
중학교, 코리오	7~8	중학교 교장, 중학교 교감, 하우스 소장	2주 1시간
팀버탑	9	캠퍼스 소장, 캠퍼스 부소장, 팀버탑 긍정교육 조정자	2주 1시간
고등학교, 코리오	10	20명의 핵심 교사 팀(교감, 교무부장, 학습부장, 학생복지부장, 하우스 소장, 하우스 부소장, 학부장, 긍정교육 연구소 직원 포함)	매주 2시간

한편, 지롱 그래머 학교의 긍정교육 모델은 〈그림 2〉에서 볼 수 있는 바와 같이, 4가지 수준을 강조한다. 4가지 수준은 바로 긍정교육을 학습하기(learn), 생활화하기(live), 가르치기(teach), 내장하기(embed)다. 흔히 이것을 일컬어 긍정교육의 응용 모델이라고 부른다. 4가지 수준은 서로에게 지속적으로 영향을 주고 정보를 제공한다는 점에서 누적적 · 종합적 · 역동적이다(Norrish, 2015: 34). 긍정교육을 학습하기는 교직원과 부모 훈련의 중요성을 강조한다. 긍정교육을 생활화하기는 긍정교육을 단순히 가르치는 것만으로는 충분하지 않다는 사실에서 비롯한다. 이것은 교직원과 부모들이 긍정교육을 실천하는 것이 필요하다는 사실을 강조한다. 긍정교육을 가르치기는 명시적 학습과 암묵적 학습으로 구분된다. 명시적 학습은 〈표 2〉와 같이 긍정교육을 위해 특별하게 지정된 수업에서 웰빙을 직접 가르치는 것을 언급한다. 암묵적 학습은 웰빙 과학을 교육과정에 광범위하게 통합하는 것을 의미한다. 긍정교육을 내장하기는 긍정교육이 교직원 훈련이나 학생 대상의 수업에 국한되는 것이 아니라, 학교에서의 생활방식이 되어야 한다는 것을 의미한다(추병완, 2019: 77-78).

지롱 그래머 스쿨에서 긍정교육의 목표는 플로리싱이다. 지롱 그래머 스쿨에서는 플로리싱을 누구나 이해하기 쉬운 단순 개념으로 정의하였다. 이에 지롱 그래머 스쿨에서 플로리싱은 '기분이 좋은 것'(feeling good) 그리고 '남에게 도움이 되는 것'(doing good)을 의미한다. 여기서 기분이 좋은 것은 과거에 만족하는 것, 현재 순간에서 행복한 것, 미래에 대해 희망적인 것과 같은 광범위한 정서 경험을 포함한다. 기분이 좋은 것은 인간의 다양한 정서와 경험을 건전하게 수용하는 것을 의미하기도 한다(Norrish, 2015: 60-61). 그것은 수용 그리고 성장과 학습의 의지를 바탕으로 부정적이거나 불유쾌한 정서에 반응하는 것을 강조한다. 기분이 좋은 것은 몰입(flow)과 관여의 힘 그리고 진실로 의미 있는 도전에 몰두한 결과로 생기는 감정을 포함한다. 그것은 학교 공동체의 모든 구성원이 회복탄력성을 발달시키도록 돕는 행동의 중요성 그리고 그들이 도전적인 목표를 포용하여 어려운 경험으로부터 성장하도록 지지해 주는 마인드세트와 행동을 포괄한다. 이렇듯 기분이 좋은 것은 개인의 웰빙과 기능 수행에 초점을 맞춘다.

한편 남에게 도움이 되는 것은 옳은 것을 실행하려는, 관계에서 친절 · 연민 · 용서를 함양하려는 그리고 사회에 의미 있게 기여하려는 열망과 동기를 뜻한다. 그것은 남을 이롭게 하려는 의지와 열정을 계발하는 것에 초점을 맞춘다. 남에게 도움이 되는 것을 플로리싱의 핵심 요인으로 설정한 것은 지롱 그래머 스쿨의 오랜 역사적 전통에서 유래한다. 지롱 그래머 스쿨은 자신을 생각하는 것을 넘어서서 타인의 삶을 풍부하게 만들 수 있는 방법을 생각할 때, 학교 공동체가 번영할 수 있음을 강조한다. 인간은 고립되어 번영할 수 없는 존재이고, 진정한 웰빙은 관계와 연결에서 비롯되는 것이기 때문에, 지롱 그래머 스쿨은 자신의 웰빙 증진만이 아니라 타인의 웰빙 증진에 기여하는 것을 중시한다. 플로리싱을 증진하기 위해 지롱 그래머 스쿨에서 실행한 긍정교육 프로그램의 내용을 요약하면 〈표 3〉과 같다(추병완, 2019: 83-94 참조).

〈표 3〉 긍정교육 프로그램

구분	프로그램 내용
성품 강점	- 성품 강점의 발견 · 논의 · 탐색 - 대표 강점 활용
긍정 관계	- 협력학습, 팀 기반 활동, 학교 버디 활동 - 용서와 공감에 근거한 훈육 - 자기 자비 훈련
긍정 정서	- 정서 리터러시 훈련 - 감사와 음미 전략
긍정 건강	- 회복탄력성 훈련 - 마음 챙김 명상
긍정 관여	- 성품 강점을 활용한 몰입 - 음악, 드라마, 스포츠, 캠프, 지역사회 봉사활동
긍정 성취	- 성장 마인드세트 - 의미 있는 목표 추구 - 그릿과 인내, 희망
긍정 목적	- 타인에 대한 봉사 - 가치 질문 탐색 - 소속감과 공동체 의식

긍정교육이 보여준 성과는 교직원과 학생들의 보고를 통해 자명한 것임에도, 지롱 그래머 스쿨은 포괄적인 양적 · 질적 자료를 수집하여 객관적인 평가 체제를 마련하였다. 긍정교육의 효과에 대한 객관적인 평가는 2013년부터 2015년까지 3년 동안 이루어졌다. 긍정교육이 학생들의 일상적인 기능 수행과 웰빙에 미치는 효과를 알아보기 위해 지롱 그래머 스쿨은 멜버른 대학교의 전문 연구진에 의한 종단연구를 지원하였다. 그것은 9학년 학생들을 대상으로 지롱 그래머 스쿨의 긍정교육 효과를 인근의 2학교와 비교하는 방식으로 이루어졌다. 2013년 2월과 12월에 수행된 사전 사후 검사 결과에 따르면, 긍정교육을 이수한 지롱 그래머 스쿨의 9학년 학생들은 웰빙에서 주목할 만한 향상을 보여줌과 동시에 우울과 불안 증세에서 현격한 감소를 보여주었다. 이와는 달리 통제 집단의 9학년 학생들은 웰빙 수준에서의 감소를 보여주었다(Norrish, 2015: 283).

한편 전문 연구진은 명시적인 교육과정을 통해 긍정교육의 효과를 검증하는 연구도 수행하였다. 연구진은 지롱 그래머 스쿨과 인근 2개 학교 교사들에게 긍정교육을 훈련시킨 후에 15시간의 명시적인 교육과정을 통해 1학기 동안 10학년 학생들에게 긍정교육을 가르치도록 하였다. 그 결과, 지롱 그래머 스쿨과 통제집단인 2학교에서 1학기 동안 긍정교육을 가르친 결과 학생들의 웰빙과 정신건강이 크게 향상되었음을 밝혀내었다(Norrish, 2015, 283). 이렇듯 지롱 그래머 스쿨은 긍정교육에 대한 과학적 평가와 지속적인 연구 프로그램 개발을 통해 얻어진 결과를 긍정심리학과 긍정교육 연구 공동체에 되돌려 줌으로써 학교에서의 웰빙 증진에 관한 학문적 대화의 장을 풍부하게 마련해 준다(추병완, 2019: 95).

영국의 실천 사례

영국은 ‘모든 아동이 중요하다.’라는 교육부 의제에서 학생의 웰빙을 증진하기 위한 학교의 책무를 강조하였다. 특히 2004년의 아동 법령(The Children Act)에서는 19세가 될 때까지 아동 · 청소년의 웰빙과 복지를 보호하고 증진하는 일을 국가적 의무로 규정하였다(DfES, 2004: 20). 영국의 경우 긍정심리학 개입은 교육적 맥락에서 성공리에 적용되었으며, 학생들의 행동적 · 사회적 · 심리적 · 학업적 측면에서 좋은 성과를 보여주었다. 이러한 개입과 전략은 매우 다양한 형태와 활동으로 나타나고 있는데, 여기서는 그 중 초등학교의 사례만을 살펴보고자 한다.

‘강점 축하하기’는 초등학교에 적용된 대표적인 긍정교육 사례이다(Fox Eades, 2008). 이 접근법은 “교사가 학생들의 플로리싱을 위한 조건을 만들었을 때 학급의 플로리싱이 일어난다.”라는 믿음에 기반을 두고 있다. ‘강점 축하하기’ 프로그램은 학생의 성품 강점들을 학교의 특정한 행사나 이벤트와 연계하고 강점 기반 학급(모든 학급 구성원의 강점 인식하기), 성취 기록(학생들의 성공을 기록하기), 축하하기(잘 이루어진 것을 축하하기) 등의 활동을 통해 강점 축하 프로그램이 모든 교육과정에 스며들게 한다. 프로그램은 강점, 축제, 이야기의 3가지 주제로 구성되어 있으며 개인, 학급, 전체 학교의 3단계 작업으로 이루어진다. ‘강점 축하하기’의 학습 원칙은 강점의 개념을 강화 · 강조하기 위해 주변 환경을 이용하는 것이다. 이를테면, 희망과 같은 추상적인 개념을 오랜 전통과 연결해 보고, 어린이를 위한 철학을 통해 추상적 개념을 탐색해 보며, 연습을 통해 강점과 개념을 직접적으로 강화하고, 또한 스토리텔링을 통해 강점과 개념을 연결하면서 간접적으로 강화시키는 방식을 활용한다. 프로그램의 모든 측면이 교육과정에 완전히 스며들기 위해서는 대략적으로 3년의 시간이 걸린다. 이 프로그램에 대한 평가 결과는 아동의 자신감과 성취동기 증진, 가정과 학교에서 향상된 학생 행동 등과 같이 인지, 정서, 행동 발달의 전반적인 면에서 긍정적 효과가 있음을 보여주었다.

한편 영국에서는 오스트레일리아의 회복탄력성 프로그램을 도입하여 스코틀랜드의 16개 학교에 적용하였다. 이 회복탄력성 프로그램은 두문자어(acronyms)인 ‘BOUNCEBACK’이라는 명칭으로 적용되었다. 이 프로그램은 9개의 요소(핵심 가치, 사람들의 회복탄력성, 용기, 밝은 면 찾기, 정서, 대인 관계, 집단 따돌림 금지, 성공)로 구성되어 있는데, 유치원에서 8학년에 이르기까지 각 학년의 교과서에서 연령에 적합한 활동으로 반복적으로 구성된다. 프로그램은 아동 문학 작품을 읽고 쓰는 활동을 활용하여 진행하는데, 전 과목에 걸쳐서 통합되어 구성된다. 활동 형태는 동아리 시간, 협동학습, 교육적인 게임 등으로 이루어진다. 또한 이 프로그램은 사회 정서 학습(social and emotional learning)과 통합되어 있으며, 긍정심리학 및 인지 행동 치료법을 포함한다. 통합된 교수 전략에는 읽고 쓰는 활동, 게임, 생각 도구와 활동, 드라마, 매체와 예술, 산술 계산 활동 등이 있다. 이 프로그램에 대한 평가 결과는 아동의 회복탄력성 및 웰빙 증진에 효과적임을 보여주었다.

중국의 실천 사례

긍정심리학 관점은 2가지 중요한 방식으로 중국교육에 영향을 주었다. 첫째, 일상적 학교 수업이나 학교 상담에 긍정심리학 관점을 제공하였다. 긍정심리학은 교사가 모든 학생을 존중하고, 개인차를 인정하며, 학생이 본래 갖고 있는 긍정적 특질을 더욱 증진시킴으로써 행복하고 건강할 수 있도록 교사가 조력해야 함을 가정하고 있다. 둘째, 긍정심리학은 일상 교실 수업과 학교 상담의 내용을 더욱 심화시켰다. 기존의 중국 교육자들은 학생들의 심리적 소망 증진이나 잠재력 개발에는 관심을 기울이지 않고, 심리적 문제 예방과 적절한 개입에만 초점을 맞추었다. 근래 중국 교육자들은 학생들의 정서적 경험 촉진, 긍정적 성품 특성 함양, 긍정적 학교 분위기 형성을 강조하기 시작했다. 긍정심리학과 관련된 개념, 이론, 연구를 기반으로 중국 교육자들은 학교에서 긍정심리학에 기반을 둔 다양한 실험을 진행하고 있다.

중국에서 긍정교육의 적용 사례는 크게 보아 정신건강 수업에의 적용과 일반 교과 과정에의 적용으로 구분할 수 있다. 중국에서 긍정교육은 정신건강을 촉진하는 수업을 전개하는데 많이 활용되고 있다. 특히 긍정 정서 경험, 긍정적인 성품 특성, 긍정적인 교실 분위기를 촉진하는 관점에서 수업을 설계하고 있다. 샤오(Sha, 2009)는 긍정심리학의 주요 원리를 중학교 건강교육 수업에 적용하였다. 그는 긍정교육 관점에서 수업을 설계하였다. 처음 몇 차시는 학생들이 자신에 대해 더 배우고 몇 가지 대인 관계 기술을 숙달하기 위한 이론적 지식을 학생들에게 가르쳐 주었다. 이것은 긍정적이고 조화로운 교실 분위기를 만드는 토대를 형성하였다. 그리고 학생들이 인생의 아름다움과 강점을 감상할 수 있는 색다른 교실 활동을 준비하였다. 이를테면, 학생들은 더 감사하고 배려하는 행동을 배우기 위해 무능한 사업가에 대한 이야기를 소재로 한 수업에 참여하였다. 프로그램이 종료된 후에 학생들은 감사, 사랑, 용기의 성품 특성에서 통계적으로 의미 있는 증가를 보여주었다.

중국에서 긍정교육은 음악, 체육 등 일반 교과 교육에도 적용되고 있다. 예를 들어, 체육 수업은 학생들의 긍정 경험에 초점을 맞추었다. 교사는 학생 각자의 건강 정도와 능력에 따라 개인 목표를 설정하게 하고, 그 목표를 달성하기 위한 개인적 노력을 강조하였다. 이를 통해 모든 학생은 자신의 개인적 성취와 관련된 즐거움과 자부심을 느끼는 경험을 가질 수 있었다. 음악 수업에서 교사는 학생들에게 아름다움을 느끼고 경험하며 창조하는 기회를 부여하여 학생들이 풍요로운 긍정 정서를 경험할 수 있는 기회를 제공하였다.

한편 긍정심리학을 학교 상담에 적용하는 것은 주로 다음 2가지 측면에서 이루어졌다. 첫째, 학교 상담의 본질과 목표이다. 긍정심리학은 인간 본성의 긍정적 측면의 발전과 증진에 중요성을 부여한다. 그러므로 긍정심리학 관점을 취하고자 하는 카운슬러는 학생들이 건강한 전체 생애적인 발달을 도모하면서 심리적 문제도 다룰 수 있도록 긍정적인 심리 특성을 증진하도록 도와준다.

둘째로, 학교 상담의 방법론과 집단에 대한 관심 주제를 확대하는 것이다. 이에 따라 중국의 학교 카운슬러는 정직, 창조력, 부정적 압박에 대한 효과적인 대처, 자기 신뢰, 자존감, 행복과 관계된 상담 활동을 전개하였다.

포르투갈의 실천 사례

포르투갈에서 긍정교육의 실천은 주로 희망(hope) 개입에 초점을 맞춘다. 2000년 이후 포르투갈에서는 희망을 증진시키기 위한 전략 및 프로그램, 개입에 초점을 맞춘 연구들이 급증하였다. 아동 및 청소년의 희망을 증진하기 위한 프로그램 중 하나가 포르투갈 학생들을 위해 개발된 '미래를 위한 희망 만들기'(Building hope gor the future)이다(Marques, Lopez & Pais-Ribeoro, 2011). '미래를 위한 희망 만들기'는 학부모, 교사, 또래와 같은 주요 이해 당사자 및 학생들과의 직접적인 활동으로 구성된 사회 생태적 프로그램이다. 이 프로그램의 구체적인 내용을 소개하면 다음과 같다.

〈표 2〉 희망 증진 프로그램 내용

회기	내용
1	희망에 대한 학습 : 이 회기의 주요 목표는 희망 이론을 이해하고 희망을 갖는 변화 과정과 긍정적인 성과들 간의 관련성에 대한 이해를 제고하는 것이다. 이 회기는 3가지 구성 요소(경로 사고, 주도 사고, 목표 사고)를 포함하여 희망에 대한 전체적인 개관을 제공한다. 또한 이 모델에서 사용되는 희망 관련 언어들을 확인하고, 학습하고, 연습하는 과정을 통해 일상 대화에서 희망이 얼마나 중요한 역할을 하는지를 배운다.
2	희망을 구조화하기 : 이 회기의 주요 목표는 학생들이 희망의 구성 요소인 경로 사고와 주도 사고, 그리고 목표 성취를 방해하는 장애물을 인식하는 방법을 학습하는 것이다. 또한 이 회기는 학생들이 4주 동안 추구할 수 있는 개인적 목표를 설정하도록 돕는다. 이 회기는 이야기 속의 목표 지향적 주인공에 대해 토론하기, 과거의 삶에서 목표 지향적인 아이디어를 브레인스토밍하기, 학생들이 추구하고 싶어 하는 현재 목표의 설정이라는 3가지 주요 요소를 포함한다.
3	긍정적이고 구체적인 목표 설정하기 : 이 회기의 목표는 희망 이론을 연습하는 것이다. 즉, 개인의 작업 가능한 목표를 더 구체적이고, 긍정적이며 명확하게 정련하고 각 개인의 목표를 위한 다양한 경로의 생성과 주도 사고를 발견한다. 새로운 이야기의 소개와 집단 활동을 통해 학생들은 희망 모델을 실습하고 강화할 수 있다. 이 회기는 또한 개인 목표의 진전 상황을 보여준다. 따라서 지도 교사는 학생들과 협력하여 원하는 목표 달성에 방해가 되는 행동이나 사고의 불균형을 조정하거나 수정할 수 있다.

회기	내용
4	완전함을 만드는 연습 : 이 회기의 목표는 다음과 같다. ① 희망에 찬 대화를 판별하고 확인하며 만들어내기, ② 희망 모델을 강화하기, ③ 개인의 희망 이야기에서 실현 가능한 목표를 살펴보고 소개하기. 지도 교사는 역할놀이를 통해 학생들이 희망적인 소리를 더 잘 발견하고 이해하도록 돕기 위해 희망에 찬 의사소통 유형과 희망적 대화 행위를 제시하여 지도한다. 교사는 학생 각자의 개인적 목표의 진전 상황도 모니터 한다.
5	미래를 위한 검토와 적용 : 이 회기의 주요 목표는 개인의 희망 이야기를 변화시키는 것과 다음 단계를 계획하는 것이다. 이 회기에서 지도 교사는 학생들이 그들의 독특한 삶의 경험 속에서 어떻게 희망 이론을 사용했는지를 집단과 함께 나누도록 한다. 또한 지도 교사는 목표 추구 과정에서 성취나 다음 단계보다는 오히려 과정 자체의 중요성을 학생들에게 강조해 주어야 한다.

유의 사항

· 각 회기는 프로그램에 대한 열정을 본받고 키우며 이전 회기에서 배운 아이디어를 강화시키는데 도움을 주는 10분 짜리 도입 활동으로 시작한다.
· 각 회기는 스나이더(Snyder)의 희망 이론 연구와 응용 연구에 근거하고 있다.
· 각 회기는 해결 중심, 이야기 치료, 인지 행동 치료 기법을 통합하고 있다.
· 각 회기는 정신 분석, 기술 훈련, 집단 상담 기법을 제공하며 구조화된 활동, 역할놀이, 브레인스토밍, 토론 활동을 포함한다.
· 이 프로그램은 집단 응집성, 사회적 지지, 희망에 관한 토론, 집단 성원들과 생각 및 느낌 나누기, 그리고 회기별 활동에 대한 참여 증가를 위해 성인 지도 교사에 의해 운영된다.

부모, 교사와 함께 하는 내용

부모, 교사와 함께 하는 직접적인 작업은 ① 부모와 교사가 희망의 원리를 더 잘 알도록 돕고 목표 달성 행동을 증진시키며, ② 그들의 자녀와 학생들의 목표 설정 행동을 촉진하기 위해 고안된 매뉴얼에 의해 진행된다. 매뉴얼은 크게 보아 3부분으로 되어 있다. 첫째 부분은 '희망 배우기'(예: 희망의 개념, 희망에 대한 연구, 희망을 증진시키는 법, 반성적 질문)에 집중되어 있다. 둘째 부분은 '희망 주입하기'로 학생들이 희망을 찾고, 희망적 관계 맺기를 성공리에 마치도록 도와주는 방법으로 구성되어 있다. 셋째 부분은 희망 강화하기와 희망 떠올리기에 초점을 맞추고 있다.

이 프로그램을 실시한 후에 실험 집단 학생들은 희망, 삶의 만족도, 자기 가치감이 증가하였는데, 프로그램 종료 후 적어도 1년 6개월 후까지 그 효과가 지속되었다. 그러나 통제 집단은 희망, 삶의 만족도, 자기 가치감에 변화가 없는 것으로 나타났다. 이러한 연구 결과는 목표 지향적 사고를 증진하기 위해 수행되었던 이전의 연구 결과들과 일치한다.

참고문헌

추병완(2019), 『긍정 도덕교육론』, 서울: 한국문화사.

Department for Education and Skills (2004), Every child matters: Change for children, Nottingham: DfES Publications.

Fox Eades, J. M. (2008), Celebrating strengths: Building strengths-based school, Coventry: CAPP Press.

Marques, S. C., Lopez, S. J. & Pais-Ribeiro, J. L. (2011), "Building hope for the future", Journal of Happiness Studies, 12, 139-152.

Norrish, J. M. (2015), Positive education: The Geelong Grammar School journey, Oxford: Oxford University Press.

Shao, Y. (2009), "Research on the influence of positive psychology on psychological education in schools", Journal of Teaching and Management, 5, 36-38.

2

초등학교에서 긍정심리학 실천하기

2부

2부의 내용은 추병완 교수님과 김광수 수석선생님이 2019년 춘천교육대학교 출판부에서 출판한 『초등학교 웰빙교육의 이론과 실제』, 『작은 학교 회복탄력성 교육의 실제』, 『학교에서 긍정심리학 실천하기 : 삶의 목적을 세우는 교육』의 내용 중에서 선별한 것들이다.

2부의 1장은 긍정놀이 교육을 통해서 회복탄력성이 높은 아이를 기르는데 그 목적을 두고 수업을 구성하였다. 그 내용은 나에 대한 하브루타 주사위 놀이, 그림글자로 내 이름 표현하기, 모둠 우정 수프 만들기, 함께 행복한 새우깡 샵(shop), 느림보 구슬로 우정 쌓기로 구성되어 있다.

2부의 2장은 긍정 독서 교육을 통해서 긍정 정서로 행복한 아이들을 기를 수 있도록 수업을 구성하였다. 그 내용은 난 네가 부러워, 난 내가 좋아, 아낌없이 주는 나무, 찰리 브라운의 행복 영상, 눈물의 바다로 구성되어 있다.

2부의 3장은 대표 강점을 찾아보고 자신의 꿈을 찾아가도록 수업을 구성하였다. 그 내용은 나 이런 사람이야, 나의 꿈 후보를 찾아서, 나의 개인 목표 꿈 JAM 병 만들기, 그릿으로 꿈을 포기하지 않는 나를 찾아서, 나의 꿈을 더 넓은 세상에 펼쳐요. 등으로 구성되어 있다.

이 책을 출간하는 동안 많은 분들의 수고와 도움이 있었다. 제일 먼저 긍정 교육을 실천하는 제자들이 올바른 방향을 갈 수 있도록 긍정심리학의 이론적인 가르침과 자문을 해 주신 춘천교육대학교 추병완 교수님에게 감사함을 꼭 전해야 한다. 그리고 이 책이 나오기까지 격려와 지원을 아끼지 않아 주신 긍정교육연구회 회원님들과 바쁜 학교 일정속에서도 책의 교정을 면밀하게 보아주신 김보은 선생님과 이하연 선생님에게도 고마움을 전하고 싶다. 끝으로, 책의 편집과 디자인에 많은 조언을 해 주신 안혜숙 수석선생님에게 다시 한번 깊은 감사를 드린다.

1장
긍정관계로 회복탄력성이 높은 아이 기르기

수업자 생각

학생들의 '의사소통 역량'을 기르는 방법 중에 하나가 나 자신에 대한 이야기를 짝에게 하는 것이다. 나에 대한 주사위 놀이는 자신의 이야기를 자연스럽게 하고, 친구의 이야기를 경청할 수 있는 좋은 수업 방법이다.

나에 대한 하브루타 주사위 놀이

01 동기유발

1. 나의 행복했던 일, 즐거웠던 일, 슬펐던 일을 우리반 친구들에게 이야기해 봅니다.
2. 하브루타 주사위 놀이를 통해서 자신의 이야기를 자연스럽게 말합니다.

02 학습목표

학습목표

나에 대한 주사위 놀이를 통하여 자신의 생각과 감정을 효과적으로 전달하고 다른 사람의 의견을 잘 들을 수 있다.

03 학습활동

활동1 : 하브루타 주사위 놀이 활동 안내하기

1. 하브루타 주사위 놀이를 하는 동안 말하기 힘든 내용이 있으면 '패스' 찬스를 3번 쓸 수 있다.
2. 하브루타 주사위 놀이 말판의 1번 – 25번까지 가면, 다시 말판 1번으로 돌아와서 주사위를 던진다. 만약 했던 것이 나오면 패스를 외친다.
3. 하브루타 주사위 놀이 말판의 25번까지 먼저 한 사람이 승리하는 것이 아니라 선생님이 그만하라고 할 때까지 하브루타 주사위 놀이를 계속한다.

활동2 : 짝과 함께 하브루타 주사위 놀이하기

1. 주사위 놀이를 하면서 나의 꿈에 대해서 짝에게 이야기한다.
2. 하브루타 주사위 놀이 말판에 나와 있는 내용을 짝에게 이야기 하면 된다.

활동3 : 다른 친구와 하브루타 주사위 놀이하기

1. 짝과 함께 나의 꿈에 대해서 주사위 놀이를 한 후에 뒤에 있는 우리반 학생과 하브루타 주사위 놀이를 하면 된다.
2. 짝과 함께, 뒤에 있는 친구와 함께, 모둠에 있는 친구와 함께 하브루타 주사위 놀이를 계속 진행할 수 있다.

하브루타 주사위 놀이 한 후 느낀 점 발표하기

1. 하브루타 주사위 놀이를 하면서 가장 재미있었던 친구의 이야기를 발표하기
2. 하브루타 주사위 놀이를 하면서 가장 인상 깊었던 이야기를 포스트잇에 간단히 적은 후에 칠판에 붙인다. 단 친구를 비난하거나 비방하는 내용 또는 개인 비밀 이야기는 밝히지 않는 것을 원칙으로 한다.

- 수업의 TIP -

1. 학생들에게 하브루타 주사위 놀이는 하브루타 말판을 먼저 끝내면 이기는 경기가 아니라 친구의 이야기를 잘 들어주는 것이 중요하다는 것을 이야기 해야 한다.

2. 하브루타 주사위 놀이는 제일 먼저 바로 옆에 있는 짝과 함께 실시하고, 그 다음에는 바로 뒤에 있는 친구와 하는 것이 좋 다.

3. 하브루타 주사위 놀이에 사용하는 주사위는 소리가 잘 나지 않는 천 주사위 또는 작은 주사위를 사용하는 것이 좋 다.

4. 이 수업에서는 나의 꿈에 대한 내용으로 하브루타 주사위 놀이를 했지만 교사가 필요한 내용으로 하브루타 주사위 말판을 만들어서 사용하여도 무방하다.

 학습지 - 나의 꿈에 대한 하브루타 주사위 놀이 말판

나의 꿈 하브루타 주사위 놀이 말판

주사위 >

말하기 힘들 때는 패스를 외치세요. (패스는 세 번만!)

	1	2	3	4	5
1	1 나의 이름은? 사는 곳은?	2 나의 가족을 소개합니다. (부모님 / 형제자매)	3 아싸! (친구에게 주사위 넘기기)	4 나의 자랑 3가지 (ex 축구를 잘합니다)	5 내가 살면서 제일 재미있었던 일은?
2	6 나의 꿈은? (ex 나의 꿈은 선생님입니다.)	7 지금 내가 제일 하고 싶은 것은? (ex 휴대폰 게임하기)	8 아싸! (친구에게 주사위 넘기기)	9 부모님에게 바라는 것 3가지	10 30년 후에 나의 모습 (ex 나는 30년 후에 의사가 되어서 아픈 사람을 고쳐줄 것이다.)
3	11 제일 친한 친구 한 명을 소개해 주세요 왜 그 친구가 제일 좋은지도 이야기 해주세요	12 내가 친구에게 가장 듣고 싶은 말은? 그 말을 듣고 싶은 이유는?	13 부모님 이외에 나에게 가장 소중한 사람은? 그 이유는?	14 가족과 함께 놀았던 놀이나 게임 중에 기억에 남는 것은?	15 내가 가진 것 중에서 친한 친구에게 줄 수 있는 선물은?
4	16 지금까지 내가 받았던 선물 중에서 가장 소중하게 생각하는 것은? 그 이유는?	17 나에게 꼭 들려주고 싶은 말은? (ex 괜찮아! 너는 잘 할 수 있어)	18 아싸! (친구에게 주사위 넘기기)	19 나의 고민을 가장 잘 상담해 주는 사람은 누구 인가요?	20 부모님이 허락하면 키우고 싶은 동물은?
5	21 내가 가장 행복해 할 때는? (ex 가족과 캠핑가서 즐겁게 ooooo)	22 나의 꿈을 말하고 그 꿈을 응원하는 한마디 (ex oo야 너의 꿈 oo을 이루기를 바래)	23 아싸! (친구에게 주사위 넘기기)	24 내 친구가 고쳤으면 하는 점은? (ex 우리 반 친구나 나의 친구 한 명의 고칠 점을 이야기해도 됩니다)	25 부모님, 선생님, 친구들에게 당신이 감사함을 느꼈던 순간은 언제인가요?

학습지 – 우리반과 친구에 대한 주사위 놀이 말판

우리반과 친구 하브루타 주사위 놀이 말판

주사위 >

말하기 힘들 때는 패스를 외치세요. (패스는 세 번만!)

	1	2	3	4	5
1	1 우리반에서 가장 행복할 때는	2 담임선생님에게 바라는 것 3가지만 꼽는다면?	3 아싸! (친구에게 주사위 넘기기)	4 친구들에게 우리 반 자랑 3가지?	5 우리반에서 제일 재미있었던 것은?
2	6 친구에게 보여줬던 당신의 모습 중 가장 후회되는 것은?	7 담임 선생님 자랑 3가지	8 친구에게 화가 났을때는 언제이고, 어떻게 표현 했나요?	9 친구를 좋아하는 마음은 어떻게 표현하나요?	10 친구가 고쳤으면 하는 점은? (우리반 친구나 나의 친구 한 명의 고칠점을 이야기해도 됩니다)
3	11 30년 후 친구들과 함께하고 싶은 일은?	12 친구들에게 받았던 선물 중에서 가장 소중하게 생각하는 것은? 그 이유는?	13 아싸! (친구에게 주사위 넘기기)	14 우리반에서 가장 좋은 점 3가지는?	15 우리반에서 가장 많이 웃었을 때는 언제인가요?
4	16 친구들 중 당신의 고민을 가장 잘 들어주는 사람은 누구인가요?	17 제일 친한 친구 한 명을 소개해 주세요 왜 그 친구가 제일 좋은지도 이야기해 주세요	18 친구들이 당신에게 한 말 중 가장 상처가 되는 말은?	19 친구들에게 가장 듣고 싶은 말은? 그 말을 듣고 싶은 이유는?	20 친구들과 함께 했던 놀이나 게임 중에 기억에 남는 것은?

그림 글자로 내 이름 표현하기

수업자 생각

내가 좋아하는 음식이나 물건 등으로 내 이름을 그림글자로 표현하도록 하였다. 이런 활동을 통해서 자기 자신에 대해 탐색하고, 나에 대한 긍정적인 마음을 불러일으키고자 하였다. 완성한 작품은 교실 사물함 문이나 학급 작품판에 게시하여 자신에 대한 행복감을 함양하도록 하였다.

내 이름 표현하기

01 동기유발

1. 아래의 그림은 그림글자로 자신의 이름을 표현한 것입니다.

2. 자신의 이름을 어떻게 표현했는지 발표해 봅니다

02 학습목표

학습목표

내가 좋아하는 것, 음식 등으로 내 이름을 그림글자로 표현할 수 있다.

03 학습활동

활동1 : '나' 생각 그물 작성하기

1. 나의 취미는? 달리기, 공기놀이
2. 내가 좋아하는 놀이는? 술래잡기, 제기차기, 얼음 땡 등
3. 나와 친한 사람들은? 부모님, 선생님, 친구들 등
4. 내가 좋아하는 과목은? 체육, 사회, 수학

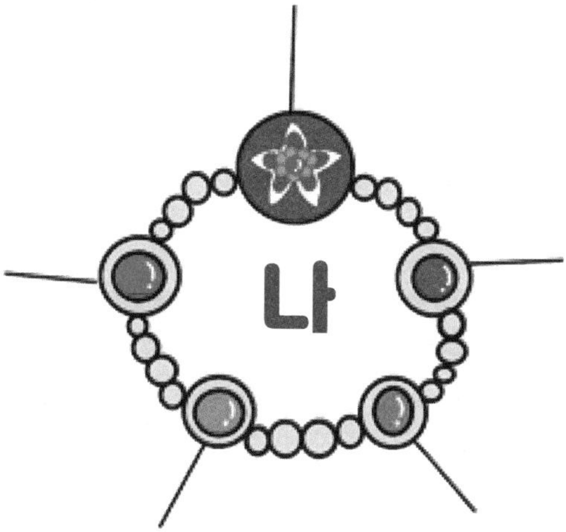

나

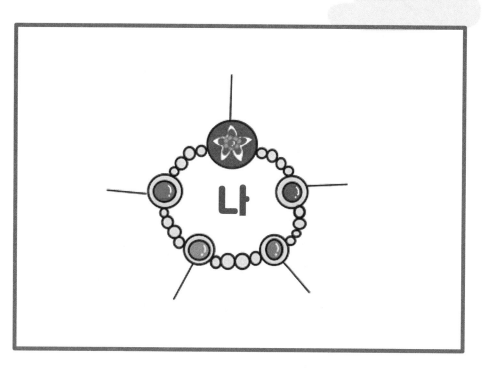

활동2 : 이름 디자인하기

1. 종이에 내 이름 세 글자가 놓일 자리를 연필로 간단히 그리기
2. 내가 좋아하는 것, 나를 떠오르게 하는 낱말을 그림으로 표현하기
3. 이름 아래에 내가 좋아하는 것을 글로 쓰기
4. 처음에는 선으로만 표현하고, 시간이 되면 색칠하기

04 학습정리

느낀 점 발표하기

1. 비주얼 싱킹 활동을 한 소감 발표하기
2. 짝 친구 또는 모둠 친구들에게 돌아가면서 자기 생각 발표하기
3. 자신이 만든 비주얼 싱킹 자료를 친구들에게 보여주면서 발표하기
4. 사물함에 부착하기

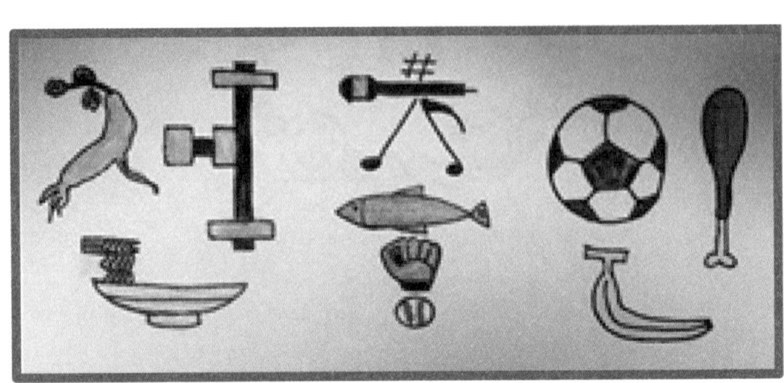

- 수업의 TIP -

1. 학생들이 자신의 이름으로 그림 글자를 디자인 할 때, 자신이 그림 글자를 디자인 한 이유를 쓰는 것보다는 그림에 집중할 때가 많다. 그림을 그리는데 시간을 많이 들이거나 아예 포기하는 학생들이 생길 때가 있다. 이런 경우는, 지금 시간은 그림을 잘 그리는 것보다 자신의 이름을 그렇게 디자인 한 이유를 쓰는 것이 중요하다는 것을 알려 주어야 한다.

2. 자신의 이름을 그림글자로 디자인할 때 그림 그리는 것에 어려움을 느끼는 학생에게는 참고 자료에 있는 '비주얼 싱킹으로 생각 표현하기' 자료를 내어 주도록 한다.

3. '비주얼 싱킹으로 생각 표현하기'는 긍정교육연구회에서 자체적으로 디자인 한 것이므로 저작권과 관계없이 사용하여도 무방하다.

05 학습지 – 나 생각 그물

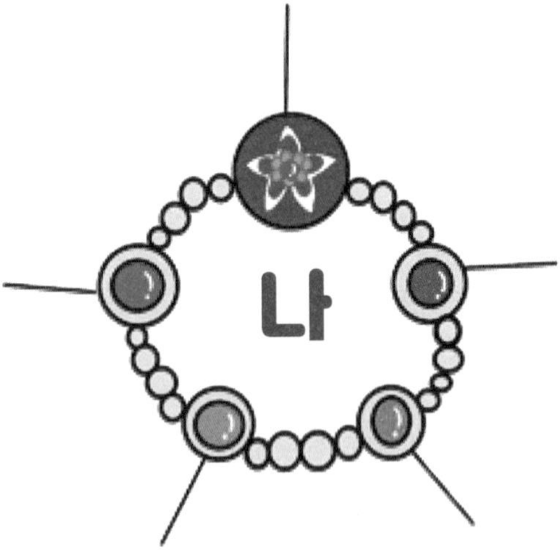

나

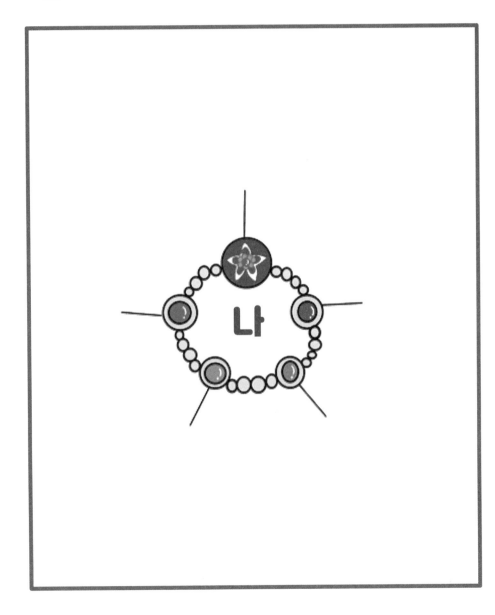

06 예시자료

07 참고자료

비주얼 싱킹(Visual Thinking)으로

표현하기

긍정교육연구회
https://cafe.naver.com/positivepsychology

얼굴 표정과 감정 단어

	기분 좋은 만족하는		자신 있는 당당한		토라진 기분 나쁜
	편안한 평화로운		부끄러운		화난 짜증나는
	반가운 행복한		두려운 긴장한		외로운 우울한
	환호하는 기쁜		놀란		반항하는
	좋아하는 사랑에 빠진		곤란한 당황한		실망한 낙담한
	감동한 기대하는		지친 피곤한		슬픈

간단하게 그리는 사람의 몸

말풍선

- 대화 -

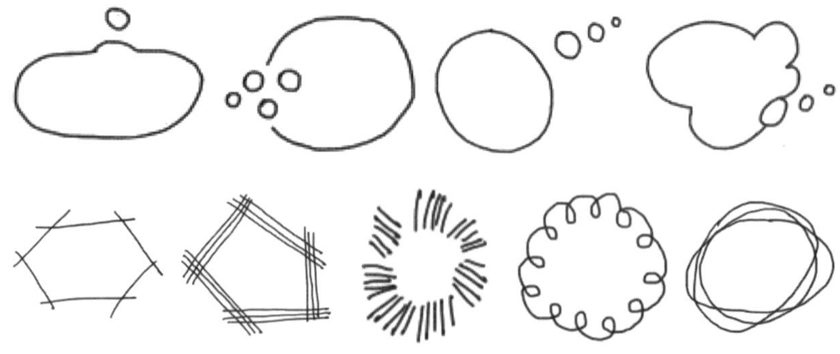

- 생각 -

감정에 따른 표정과 동작

고민하는 / 생각하는	자랑하는 / 우쭐하는

감동받은 / 황홀한	우울한 / 걱정하는

당황한 / 안절부절 못하는	응원하는 / 격려하는

신나는 / 기뻐하는	궁금한 / 이상한

슬픈 / 억울한	사랑에 빠진

다양한 행동

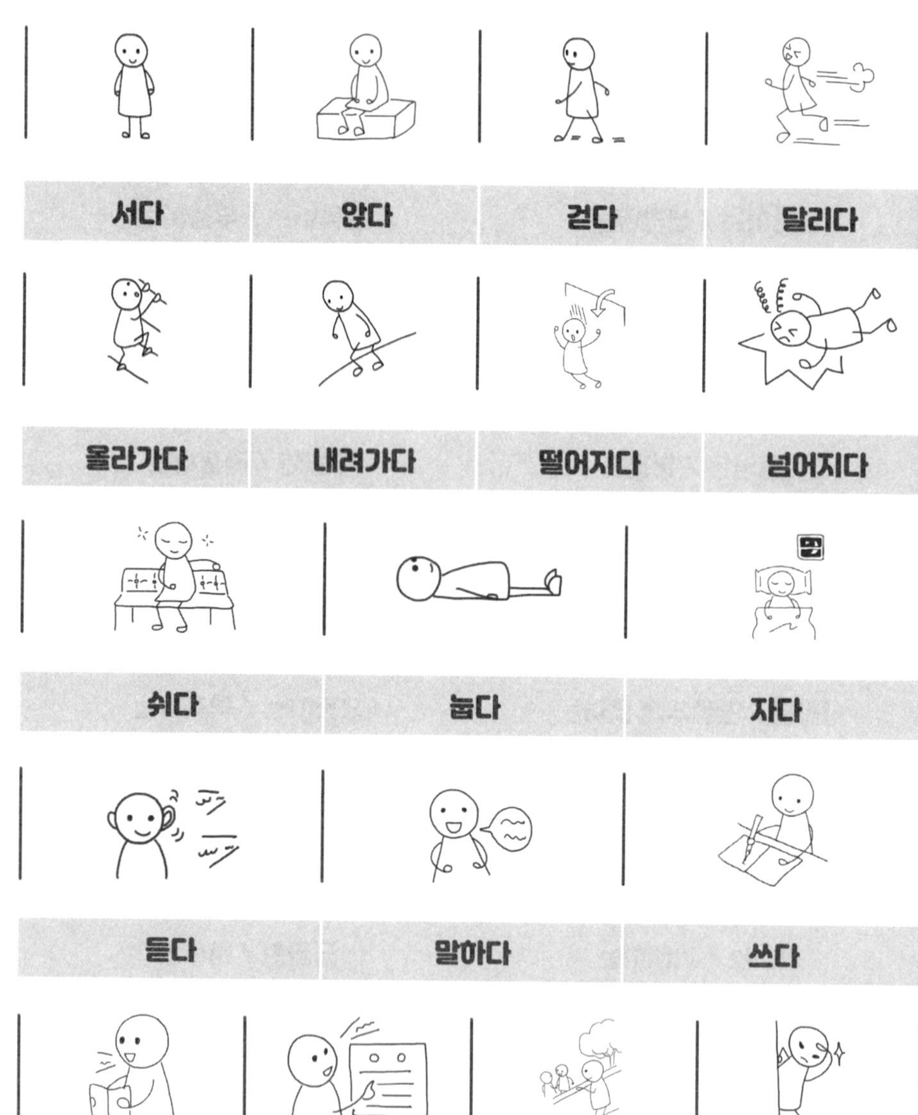
서다
앉다
걷다
달리다
올라가다
내려가다
떨어지다
넘어지다
쉬다
눕다
자다
듣다
말하다
쓰다
읽다
보다
훔쳐보다

다양한 행동

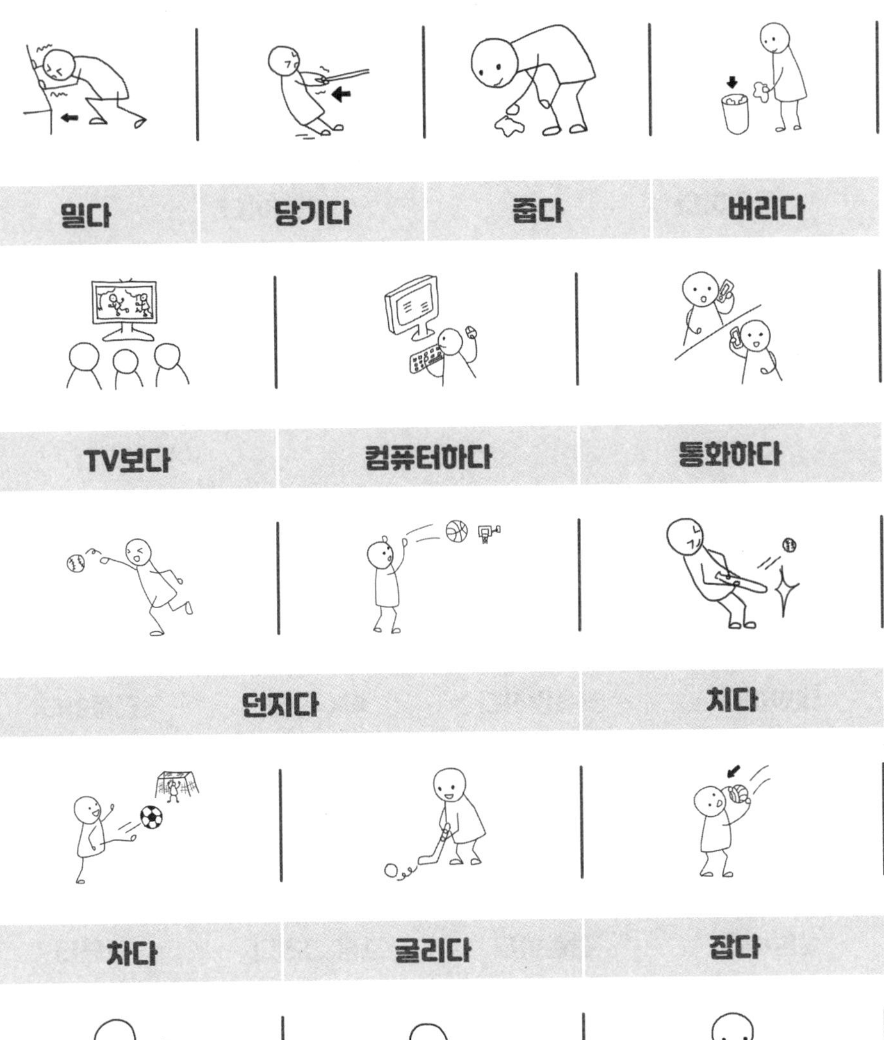

공부하다	책 읽다

다양한 행동

등교하다

인사하다

수업하다

발표하다

토론하다

대화하다

귓속말하다

박수치다

협동하다

실험하다

관찰하다

그림 그리다

만들다

악기연주하다

피아노 치다

노래하다

다양한 행동

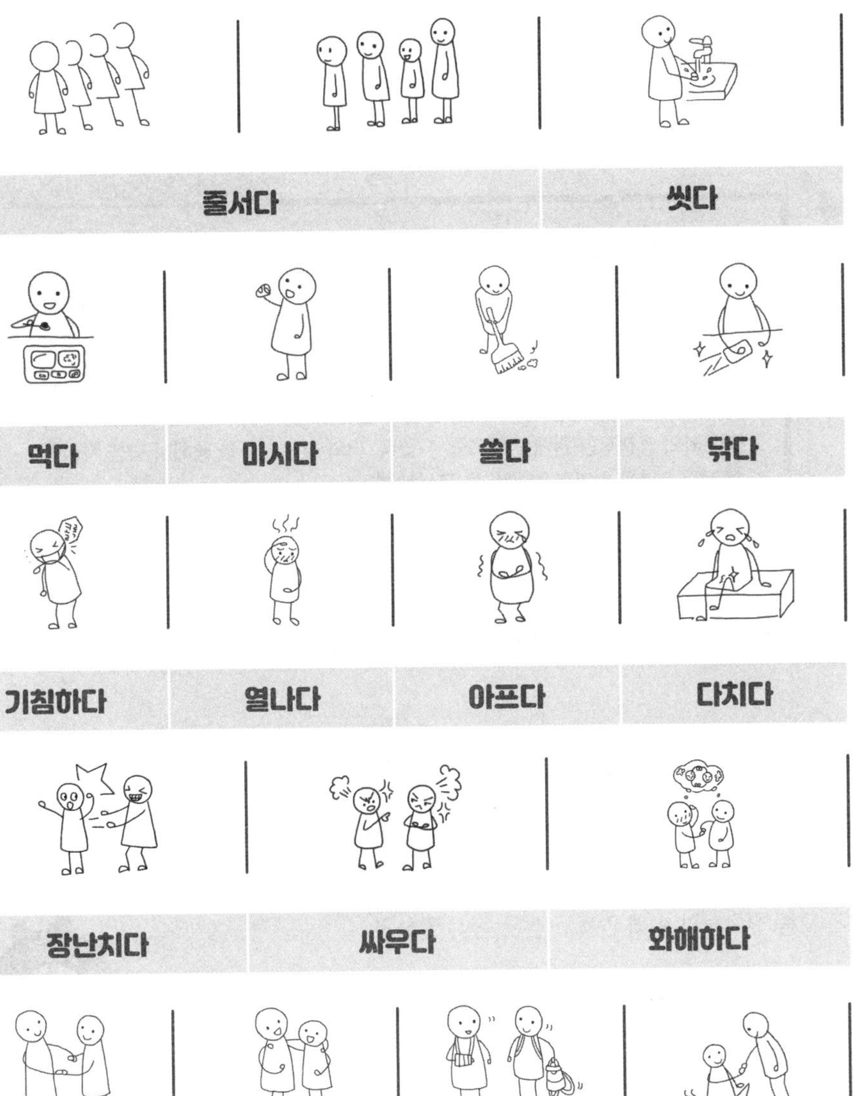

손잡다 어깨동무하다 도와주다

친구의 강점으로 우정 음식 만들기

수업자 생각

이 수업은 친구와 함께 음식을 만들면서 우정을 쌓아가는 활동으로 구성되어 있다. 친구들과 단순히 음식을 만들기 활동으로 끝나는 것이 아니라 친구들과 우정을 나누기 위해 친구의 강점에 대해서 이야기하며, 그 강점을 더 강화시킬 수 있는 칭찬하는 말, 격려의 말, 공감의 말, 위로의 말을 골라서 선물함으로써 친구와의 긍정적인 관계를 유지할 수 있다. 이와 같은 활동을 통해서 학생 자신의 긍정적 모습을 함양할 수 있도록 구성하였다.

친구의 강점으로 우정 음식 만들기

01 동기유발

내가 모둠 친구들과 함께 하고 싶은 음식 말하기

1. 내가 제일 맛있다고 생각하는 음식 말하기
2. 모둠 친구들과 함께 만들고 싶은 음식 말하기

02 학습목표

학습목표

모둠 친구들과 우정 음식 만들기를 통해서 친구와의 긍정적 관계를 가질 수 있다.

학습활동

활동1 : 모둠별로 친구들의 강점으로 우정 음식(수프) 만들기

1. 협동학습의 창문 나누기 활동을 통하여 우정을 위해 필요한 강점 카드[1]를 찾는다.
2. 모둠 친구들의 강점을 강점 카드에서 찾아서 적어본다.

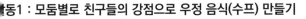

1	창의적이다.	13	리더십이 많다.
2	호기심이 많다.	14	공동체 의식 (나보다 전체를 위한다.)
3	판단력이 뛰어나다.	15	용서를 잘한다.
4	예상(예견)을 잘한다.	16	겸손하다.
5	진실(진정성)하다.	17	신중하다.
6	용감(용맹)하다.	18	자기 통제력이 강하다. (하고 싶은 것을 잘 참는다.)
7	끈기가 있다.	19	감상을 잘한다. (평소에 아름다움을 추구한다.)
8	열정(의욕)이 많다.	20	감사하는 마음을 갖는다.
9	친절하다.	21	희망의 마음을 갖고 있다. (긍정적으로 생각하고 미래를 계획한다.)
10	사랑스럽다.	22	유머를 갖고 있다.
11	사회성이 뛰어나다.	23	영성의 마음을 갖고 있다. (삶의 목적과 책임감이 뚜렷하다.)
12	공정하다.	24	학구열이 있다. (새로운 것을 배울 때 기쁘다.)

1. 마틴셀리그만(2011), 『긍정심리학』, 도서출판 물푸레. pp. 214-243

활동2 : 모둠원과 함께 우정음식(수프) 만들기

1. 모둠 친구들과 우정의 음식 만들기
2. 친구들의 장점을 이야기하고, 칭찬의 말과 격려의 말 그리고 위로의 말을 골라서 우정의 음식을 만든다.

모둠 우정수프 만들기

초등학교 학년 반 모둠

가 함께 만든

우정수프의 재료

□ □ □ □ □ □ □

그 이유는

04 학습정리

모둠 친구들의 우정을 위한 음식 알리기

1. 모둠 친구들과 우정을 위해서 만든 음식을 학급 학생들에게 발표하기
2. 학급 게시판에 모둠 우정 음식 만들기 모습 붙이기

- 수업의 TIP -

1. 모둠별로 친구의 강점으로 우정 수프 만들기는 왜 그런 강점을 가지고 우정의 수프를 만들려고 했는지 그 이유를 적는 것이 중요하다.

2. 모둠별로 친구의 강점으로 우정 수프 만들기는 실제로 음식을 만드는 것이 아님을 알려주고, 이번 시간에는 친구의 강점으로 우정 스프 만들기를 한 후 다음 시간에는 모둠 친구들과 실제로 음식을 만든다는 것을 알려 준다.

3. 모둠별로 친구의 강점으로 우정 스프 만들기를 실시 한 후에 창체시간을 이용하여 모둠별로 실제로 나누어 먹을 수 있는 음식 만들기와 발표회를 실시하면 학생들의 긍정 정서 향상에 많은 도움이 될 것이다.

학습지 1 – 강점 카드

강점카드

강점카드로 표현해 보세요.

1	창의적이다.	13	리더십이 많다.
2	호기심이 많다.	14	공동체 의식 (나보다 전체를 위한다.)
3	판단력이 뛰어나다.	15	용서를 잘한다.
4	예상(예견)을 잘한다.	16	겸손하다.
5	진실(진정성)하다.	17	신중하다.
6	용감(용맹)하다.	18	자기 통제력이 강하다. (하고 싶은 것을 잘 참는다.)
7	끈기가 있다.	19	감상을 잘한다. (평소에 아름다움을 추구한다.)
8	열정(의욕)이 많다.	20	감사하는 마음을 갖는다.
9	친절하다.	21	희망의 마음을 갖고 있다. (긍정적으로 생각하고 미래를 계획한다.)
10	사랑스럽다.	22	유머를 갖고 있다.
11	사회성이 뛰어나다.	23	영성의 마음을 갖고 있다. (삶의 목적과 책임감이 뚜렷하다.)
12	공정하다.	24	학구열이 있다. (새로운 것을 배울 때 기쁘다.)

강점카드
창의적이다
강점카드
호기심이 많다
강점카드
판단력이
뛰어나다
강점카드
예상(예견)을 잘한다
강점카드
진실(진정성)하다
강점카드
용감(용맹)하다
강점카드
끈기가 있다
강점카드
열정(의욕)이 많다
강점카드
친절하다
강점카드
사랑스럽다
강점카드
사회성이 뛰어나다
강점카드
공정하다
강점카드
리더십이 많다
강점카드
공동체 의식
(나보다 전체를 위한다)
강점카드
용서를 잘한다
강점카드
겸손하다
강점카드
신중하다
강점카드
자기 통제력이 강하다
(하고 싶은 것을 잘 참는다)
강점카드
감상을 잘한다
(평소에 아름다움을 추구한다)
강점카드
감사하는
마음을 갖는다
강점카드
희망의 마음을 갖고 있다
(긍정적으로 생각하고 미래를 계획한다)
강점카드
유머를 갖고 있다
강점카드
영성의 마음을 갖고 있다
(삶의 목적과 책임감이 뚜렷하다.)
강점카드
학구열이 있다
(새로운 것을 배울 때 기쁘다)

06 학습지 2 – 맛있는 우정 음식 만들기

| 맛있는 우정 음식 만들기

우정 음식에 들어갈 친구의 강점을 강점 카드에서 찾아 적어 보세요.

모둠 우정 음식 만들기
초등학교 학년 반 모둠
가 함께 만든 우정 음식의 재료 ☐ ☐ ☐ ☐ ☐ ☐ ☐ 그 이유는

수업자 생각

'가위, 바위, 보' 게임은 학교 현장에서 자주 사용되는 것이었다. 기존의 이 게임은 재미는 있었으나 경쟁의식을 유발하여서 학생 모두가 행복한 시간을 느낄 수 없었다. 그래서 모두가 행복해 하는 새우깡 샵(shop)을 개발하였다. '새우깡 샵(shop)' 게임은 가위, 바위, 보에서 진 친구는 새우깡 샵(shop)에서 새우깡을 먹음으로써 행복하고 이기면 다음 단계로 올라서 행복하도록 개발하였다. 그리고 작은 신(small god) 제도를 활용하여 학생들이 다른 친구에게 감사함을 표현할 수 있도록 개발하였다. 학생들은 새우깡 샵(shop) 게임을 통하여 자연스럽게 행복함을 느낄 수 있고, 다른 친구를 배려하는 인성의 마음도 배울 수 있다.

함께 행복한 새우깡 샵

01 동기유발

다 같이 노래 부르기

1. '즐겁게 춤을 추다가' 노래를 다 같이 부르기
2. 선생님의 신호와 함께 3명 또는 5명씩 함께 모인다.

02 학습목표

학습목표

새우깡 샵(shop) 게임을 통해서 친구를 도와주고, 친구에게 감사하는 마음을 기를 수 있다.

03 학습활동

활동1 : 새우깡 샵(shop) 게임 내용 설명하기

1. 알-> 병아리-> 닭 -> 독수리-> 호랑이 -> 인간 -> 왕의 단계로 진화한다.
2. 같은 단계에 있는 친구들과 가위, 바위, 보를 한다.
   - 알은 알끼리, 병아리는 병아리끼리 가위, 바위, 보를 한 후에 이기면 다음 단계로 진화한다.
3. 알, 병아리, 닭에서 진 사람은 무조건 알로 이동한다.
4. 독수리 단계부터는 진 사람은 새우깡 샵(shop)에서 새우깡을 먹고 알로 이동한다.
5. 기존의 '변신 가위, 바위, 보' 게임에서는 지면 무조건 알의 단계로 감으로써 경쟁의식을 유발하지만 새우깡 샵(shop)에서는 모두가 행복할 수 있다.

활동2 : 새우깡 샵(shop) 설명하기

1. 새우깡 샵(shop)에서 새우깡 먹고 알의 단계로 가기
   - 기존 게임에서 지면 무조건 알의 단계로 갔지만 독수리 단계부터 진 사람은 새우깡 샵(shop)에서 새우깡을 하나 먹고 알의 단계로 간다.
   - 독수리, 호랑이, 인간의 단계에서 지면 새우깡 샵(shop)에서 새우깡을 하나 먹고 알의 단계로 간다.
2. 새우깡 샵(shop)에서 새우깡을 먹을 때는 반드시 "저는 000단계에서 왔습니다" 라고 이야기한다.
3. 새우깡 샵(shop)에서 새우깡을 먹을 때는 반드시 "감사합니다."를 해야만 새우깡을 먹을 수 있다.
4. 왕이 된 친구가 질 경우는 다른 친구들과는 달리 새우깡을 1개를 먹고 독수리로 이동한다.

활동3 : 작은 신(small god) 설명하기

1. 작은 신(small god)은 학생들의 인성 지도를 위해 개발한 것이다. 작은 신(small god)은 선생님이 그 반에서 마음의 상처가 많은 친구 또는 친구들의 관심이 필요한 친구들을 대상으로 실시하면 많은 교육적 효과를 볼 수 있다.

2. 작은 신(small god)이 된 친구는 다음과 같이 말한다.
   - '작은 신(small god) 000는 명령한다. 알과 병아리 그리고 닭에 있는 친구들은 모두 독수리로 가거라'

3. 작은 신(small god)이 된 친구의 말을 들은 친구들은 "000야 고마워." 라고 이야기하며 모두 독수리 단계로 이동한다.

04 학습정리

새우깡 샵(shop) 하면서 느낀 점 공유하기

1. 새우깡 샵(shop)을 하면서 즐거웠던 점 이야기하기
2. 새우깡 샵(shop)을 하면서 고마웠던 친구에게 큰소리로 감사의 마음 전해 주기

05 참고 자료 -새우깡 샵 단계 사진

첫 번째 단계 : 알의 단계

두 번째 단계 : 병아리의 단계

세 번째 단계 : 닭의 단계

네 번째 단계 : 독수리의 단계

다섯 번째 단계 : 호랑이의 단계

여섯 번째 단계 : 인간의 단계

일곱 번째 단계 : 왕의 단계

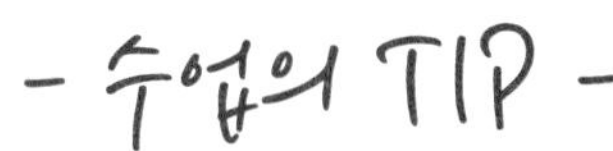

1. 새우깡 shop은 게임에 참여하는 모든 학생들이 이기고 지는 것에 상관없이 모두 행복하도록 개발한다.

2. 새우깡 shop을 교실에서 실시할 경우 학생들이 너무 재미있어서 자신들도 모르게 소리를 크게 지르거나 규칙을 무시하는 경우가 종종 있다. 이것에 대해서는 선생님이 미리 대책을 가지고 있어야 한다. 소리의 크기를 작은 목소리로 하게 하고, 게임의 규칙을 지키지 않으면 2분간 게임을 중지시키는 등의 선생님 나름의 게임 규칙을 학생들에게 이야기해야만 게임을 원활히 할 수 있다.

3. 새우깡 shop은 실내뿐만 아니라 실외에서도 사용할 수 있다. 이때는 소리 크기에 제한을 두지 말고 게임의 규칙만 잘 지킬 수 있도록 한다.

4. 새우깡 shop 게임을 운영하기 위해서 각 단계별로 1-2명의 팀장을 두어서 그 팀장을 이겨야만 다음 단계로 갈 수 있도록 한다면 더 원활하게 게임을 운영할 수 있을 것이다.

5. 새우깡 shop 게임의 자세한 모습은 긍정교육연구회 홈페이지 (https://cafe.naver.com/positivepsychology) 참조

수업자 생각

느림보 구슬은 모둠원들이 함께 의논하여서 주어진 조건에 맞게 구슬이 최대한 천천히 굴러가도록 만드는 게임이다. 이와 같은 활동을 통해서 학생들 간의 우정을 기를 수 있을 뿐만 아니라 몰입감을 함께 가질 수 있게 구성해 보았다.

느림보 구슬 게임은 모둠별로 경쟁하는 것이 아니라 각 모둠 안에서 시간을 조금씩 천천히 가게 하는데 그 목적이 있다. 학생들은 다른 모둠을 이기려는 경쟁의식이 아니라 자신의 모둠의 기록이 지난번 차시보다 느리게 하려고 노력함으로써 우정을 쌓고 몰입을 경험하게 될 것이다.

01 학습목표

학습목표

느림보 구슬 놀이를 통해 친구과 우정을 기르고 몰입을 경험할 수 있다.

02 동기유발

느림보 구슬 놀이 설명하기

스티로폼 판, 주름 빨대, 핀, 가위를 사용하여 놀이한다.

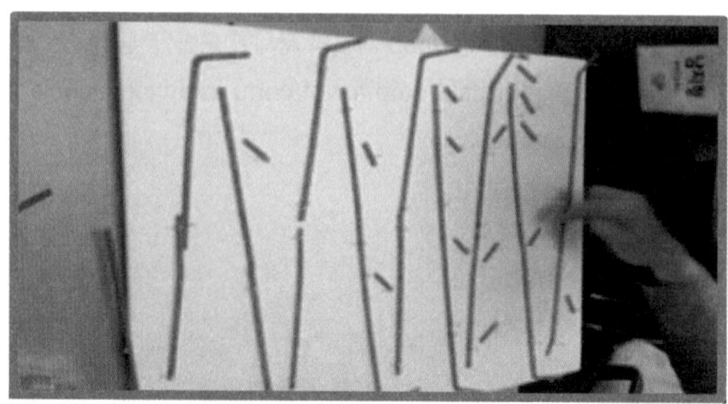

03 학습활동

활동1 : 느림보 구슬 모둠별로 만들어 보기

1. 스티로폼 판에 핀과 주름 빨대를 연결시켜 구슬이 굴러가는 길을 만든다.
2. 모둠원들이 협의하여서 시작점에서 구슬을 굴려서 최대한 느리게 도착점까지 올 수 있도록 만든다.

활동2 : 느림보 구슬 시간 기록 재기

1. 느림보 구슬 놀이는 모둠 간 경쟁이 아닙니다.
2. 다른 모둠과 시간을 비교하지 마세요.
3. 자기 모둠의 시간만을 비교해서 점차 느리게 가게 하면 됩니다.
4. 우리 모둠의 느림보 구슬의 1차 시기 기록이 30초라면, 2차와 3차 시기에는 30초보다 오래 걸리도록 만들면 성공입니다.

느림보 구슬 시간 재기

참여하는 모두가 즐거운 느림보 구슬 하기

1. 느림보 구슬 놀이는 모둠 간 경쟁이 아닙니다.
2. 다른 모둠과 시간을 비교하지 마세요.
3. 우리 모둠의 느림보 구슬의 1차 시기 기록이 30초라면, 2차와 3차 시기에는 30초보다 오래 걸리도록 만들면 성공입니다.
4. 시간은 모둠에서 핸드폰 스톱워치로 기록을 잽니다. 구슬이 손에서 떠나서 스티로폼 끝에 도달할 때 까지를 정확히 재어서 기록합니다

참여 모둠원 이름	1차 시기 기록	2차 시기 기록	3차 시기 기록

04 학습정리

느림보 구슬을 하면서 느낀 점 나누기

1. 느림보 구슬을 하면서 느낀 점을 포스트잇에 적는다.
2. 서로의 느낀 점에 자신의 생각을 써서 붙인다.

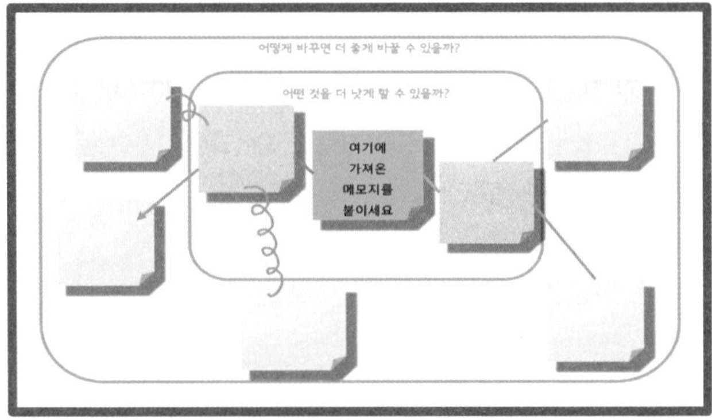

- 수업의 TIP -

1. '느림보 구슬'의 시기는 학급 상황에 따라 3차 – 5차까지 줄 수 있다.

2. 대부분의 게임은 다른 모둠과 경쟁하여서 승패를 결정 짓는 경우가 많이 있다. 그러나 '느림보 구슬' 게임은 다른 모둠과의 경쟁이 아니라 모둠안에서의 경쟁이다.

3. '느림보 구슬' 1차 시기보다 구슬이 늦게 내려오면 성공이다.

4. 남과 비교하지 않고 나와 비교하는 것이 진정한 경쟁이라는 것을 이 게임을 통해 전달하는 것이 교육의 목적이다.

5. 게임의 자세한 모습은 긍정교육 연구회 홈페이지 (https://cafe.naver.com/positivepsychology) 참조

느림보 구슬 시간 재기

느림보 구슬 시간 재기

참여하는 모두가 즐거운 느림보 구슬 하기

1. 느림보 구슬 놀이는 모둠 간 경쟁이 아닙니다.
2. 다른 모둠과 시간을 비교하지 마세요.
3. 자기 모둠의 기록만을 점차 느리게 하면 됩니다.
4. 우리 모둠의 느림보 구슬 1차시기에 30초에 내려갔다면 2차와 3차 시기에는 30초보다 오래 걸리도록 만들면 성공입니다.
5. 시간은 모둠에서 핸드폰 스톱워치로 기록을 잽니다. 구슬이 손에서 떠나서 스티로폼 끝에 도달할 때 까지를 정확히 재어서 기록합니다

참여 모둠원 이름	1차 시기 기록	2차 시기 기록	3차 시기 기록

2장 긍정 정서로 행복한 아이 기르기

수업자 생각

'난 네가 부러워' 책을 읽으면서 내가 잘하는 점, 나의 장점 등을 떠올리게 하였다. 그림책을 읽은 후에 내 장점을 먼저 쓰고, 모둠 친구들과 서로의 장점을 적으며, 칭찬과 격려를 하면서 자신에 대한 긍정적인 마음을 가지도록 하였다. 수업을 마무리하면서 자신의 장점, 희망적인 내용이 드러나도록 이름 3행시를 짓게 하였다.

난 네가 부러워

01 동기유발

'난 네가 부러워'[2]를 함께 읽기

2. 여민(2012), 『난 네가 부러워』, 뜨인돌 어린이

02 학습목표

학습목표

친구들의 장점을 찾아 서로 격려하고, 자신의 장점이 드러나게 이름 3행시를 지을 수 있다.

03 학습활동

활동1 : 장점 양동이 채우기

1. 장점 양동이에 나의 장점 1가지를 생각하여 쓰기
2. 친구들과 장점 양동이를 돌리며 부러웠던 점, 칭찬할 내용을 적기
3. 나의 오른쪽 방향으로 학습지 돌리며, 친구들과 장점 양동이 채우기

장점양동이를 채워라!

초등학교 학년 반 모둠

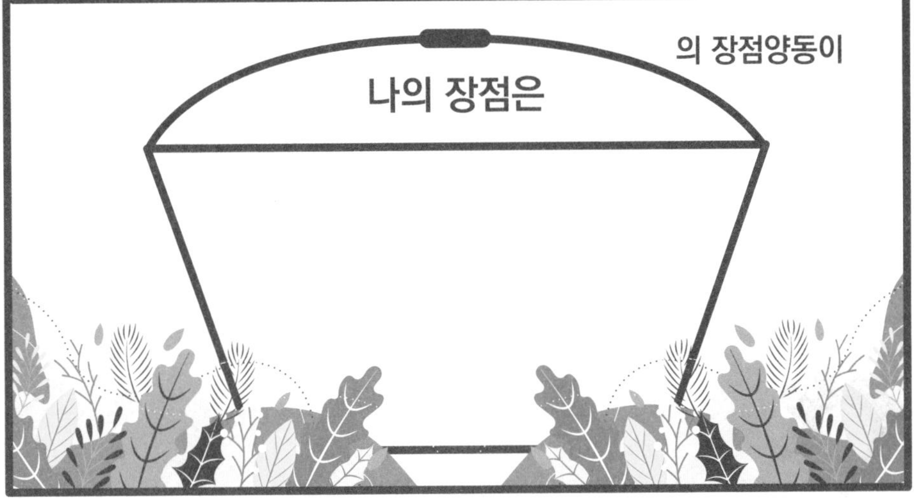

의 장점양동이

나의 장점은

4. 장점 양동이 활동 할 때 도움자료

1. 친구에게 칭찬 및 격려하는 방법
잘하는 것, 칭찬해주고 싶은 행동이나 생각을 자세하게 적으면 좋아요.
" 나는 끈기가 있어, 그래서 수학 시간에 포기하지 않고 하는 것 같아. "
" 너는 배려심이 있어, 그래서 친구들을 잘 도와주는 것 같아. "
목소리가 너무 커지지 않도록 합니다.

2. 장점 양동이에 글쓰는 방법
1. 나의 장점과 잘 하는 점을 조용히 생각해봅시다.
2. 양동이 학습지에 나를 칭찬하는 말을 씁니다.
3. 모둠 친구들이 다 쓰고 나면 자신의 오른쪽으로 종이를 돌리며 칭찬을 적어 봅시다.

활동2 : 내 이름 삼행시 작품

1. 친구들이 적어준 장점 양동이의 내용을 보며 꿈과 희망이 담긴 내용으로 이름 3행시 짓기
2. 시간이 남으면 3행시 주변 여백을 내용과 어울리게 꾸미기

04 학습정리

내 이름 삼행시 친구와 돌아가며 발표하기

활동 2 내 이름 삼행시
1. 친구들이 적어준 내용을 보고 마음에 드는 내용을 몇 가지 골라봅시다.
2. 고른 내용이 들어가도록 내 이름 삼행시를 지어봅시다.
3. 삼행시를 다 짓고 나서 시간이 남으면 주변 여백을 내용과 어울리게 꾸며주세요.
4. 다 완성하고 나면 모둠 친구들과 서로의 삼행시를 살펴봅시다.

1. 내 이름 삼행시 친구와 돌아가며 발표하기
2. 친구가 발표한 내 이름 삼행시에 칭찬과 격려의 글 포스트잇으로 붙여주기

- 수업의 TIP -

1. '난 네가 부러워' 동화책을 통해서 나 자신에게도 장점이 있다는 것을 알고, 내가 나를 칭찬함으로써 자긍심을 높이는 활동이다.

2. 내 이름 삼행시가 힘든 친구에게는 선생님 예시 자료를 나누어 주어서 스스로 할 수 있도록 도와준다.

3. 다른 친구의 삼행시에 칭찬과 격려의 글을 붙일 때는 제일 먼저 자기 자신이 자신에게 칭찬의 글을 붙인 후에 다른 친구들 작품에 칭찬의 글을 붙이도록 한다.

학습지 – 장점양동이

장점양동이를 채워라!

초등학교　　학년　　반　　모둠

(　　　　)의 장점 양동이

나의 장점은

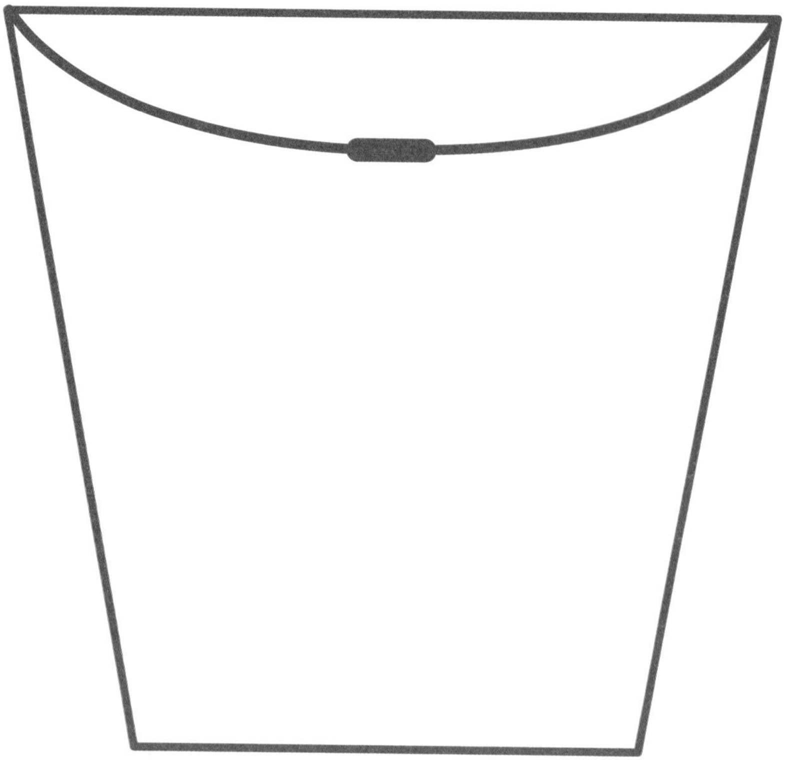

수업자 생각

이 수업에서는 '난 내가 좋아' 그림책을 읽으며 내가 좋아하는 나의 모습을 떠올려 보도록 구성하였다. 나의 긍정적인 모습을 떠올려 보고, 그런 나를 격려하는 선물을 만든다. 만든 선물은 나에게 선물하며 긍정적인 나의 모습을 응원한다.

난 내가 좋아!

01 동기유발

'난 내가 좋아!'[3]를 함께 읽기

1. 표지만 보고 제목 맞히기 2. 표지와 제목을 보며 내용 맞히기

3. 낸시 칼슨(2007), 『난 내가 좋아』, 보물창고

02 학습목표

학습목표

'난 내가 좋아!' 그림책을 읽고 긍정적인 내 모습을 찾아 응원할 수 있다.

03 학습활동

활동1 : 문장 완성하기

내가 좋아하는 나의 모습을 찾아 문장 완성하기

난 내가 좋아!

나는 ( ) 내가 좋아!!

나는 ( ) 내가 좋아!!

나는 ( ) 내가 좋아!!

나는 ( ) 내가 좋아!!

나는 ( ) 내가 좋아!!

활동2 : 나에게 힘을 주는 보물 찾아보기

1. 긍정적인 마음을 불러 일으키는 것 또는 단어 찾기
(과일, 운동, 맛있는 음식, 쇼핑, 부모님의 사랑)

2. 단어를 찾아 생각 그물 만들기
(과일 -> 오렌지 -> 포도 / 운동 -> 배드민턴 -> 티볼)

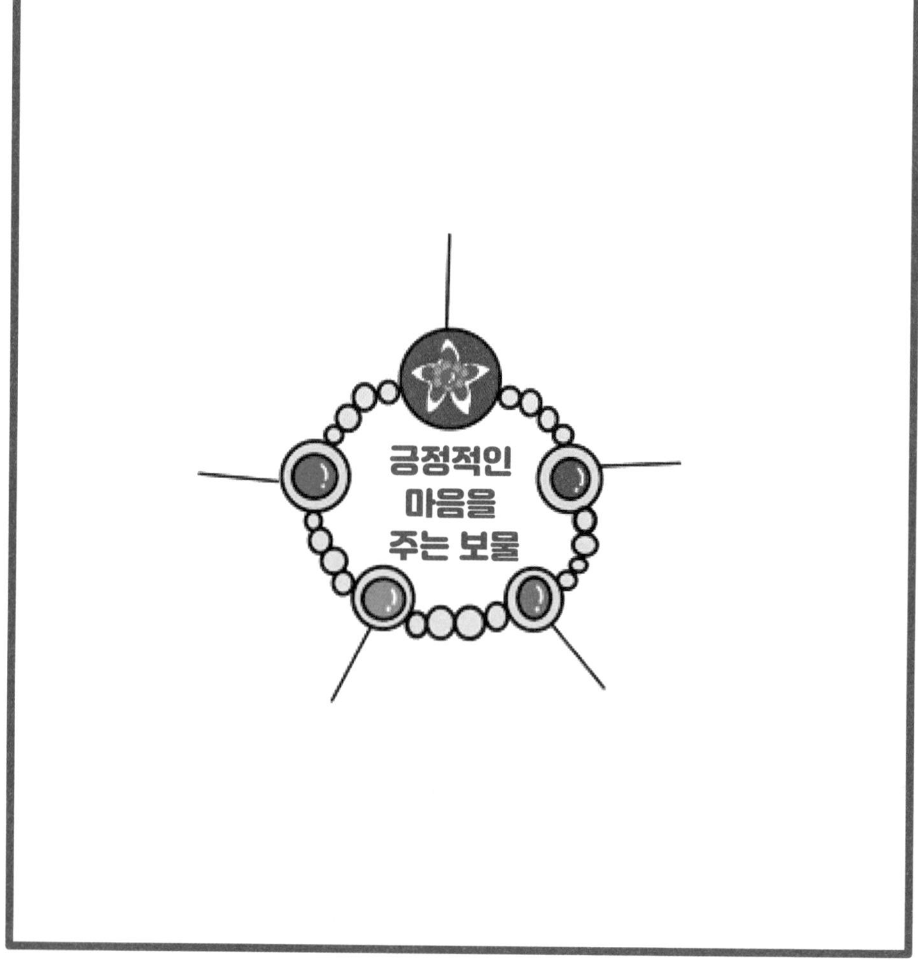

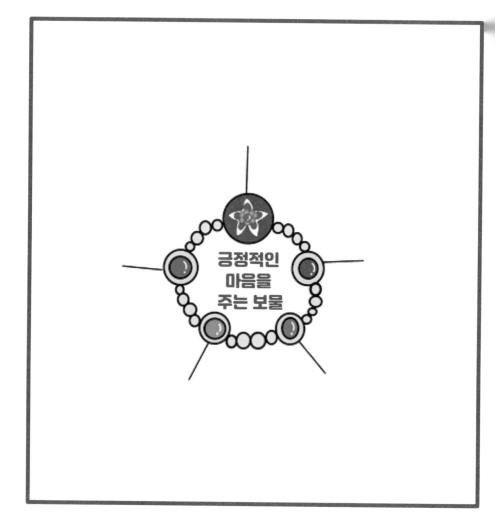

활동3 : 나에게 힘을 주는 선물 만들기

1. 슈링클스 종이에 '난 000한 내가 좋아'라고 글을 쓰고, 그림도 그린다.
2. 슈링클스 종이 그림의 구석에 고리를 끼울 구멍을 펀치로 뚫는다.
3. 슈링클스 종이에 내가 좋아하는 나의 모습을 완성하여 오븐에 굽는다.
4. 고리를 끼우고 가방에 달아서 활용한다.

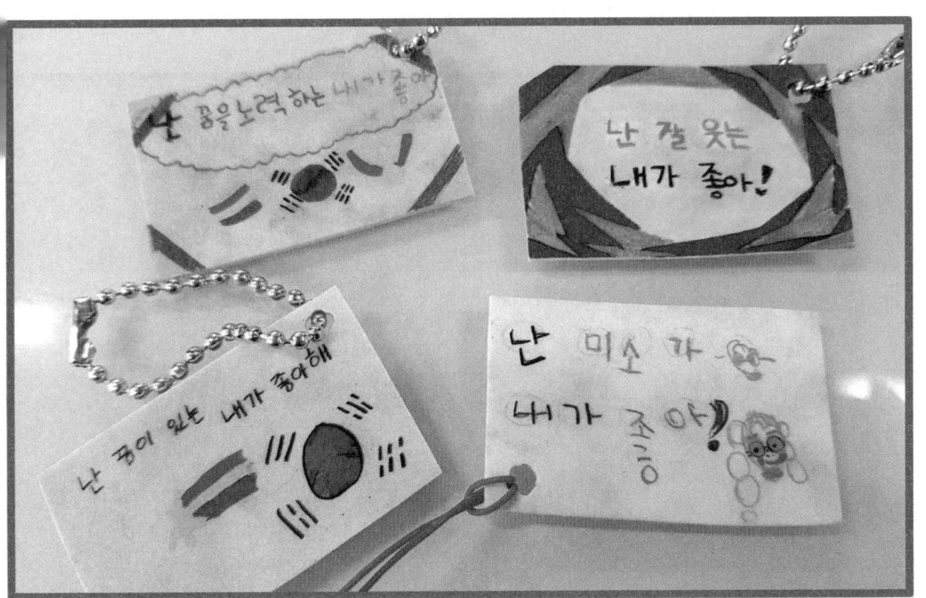

04 학습정리

친구와 함께 서로에게 힘이 되는 선물 만들기

1. 과자에 격려의 스티커 붙이기
2. 나에게 주고 싶은 선물과 주고 싶은 친구를 위한 선물 만들기
3. 만든 선물을 나와 친구에게 전달하기

학습지 1 – 난 내가 좋아!

난 내가 좋아!

나는 (______________________________) 내가 좋아!!

나는 (______________________________) 내가 좋아!!

나는 (______________________________) 내가 좋아!!

나는 (______________________________) 내가 좋아!!

나는 (______________________________) 내가 좋아!!

학습지 2 – 긍정적인 마음을 주는 보물 찾기

수업자 생각

우리 주변에서 감사한 일을 찾고, 이를 표현하는 것은 긍정 정서를 함양하는 데 큰 도움이 된다. 따라서 본 수업에서는 아낌없이 주는 나무를 읽으며, 나에게 그러한 사랑을 주는 사람을 떠올려 보고, 이를 간단한 그림으로 표현한다. 모둠별로 완성한 그림을 모아서 긍정적인 기억들을 나누며 이야기할 수 있게 수업을 구성하였다.

아낌없이 주는 나무

01 동기유발

'아낌없이 주는 나무' 동영상을 함께 보고 생각 나누기

1. 나무는 소년에게 어떤 사랑을 베풀었나요?
2. 나무처럼 나에게 아낌없이 주는 사람이 있나요?

02 학습목표

학습목표

나에게 사랑을 주는 사람들을 떠올리며, 나에게 아낌없이 주는 사람에게 감사하는 마음을 가질 수 있다.

03 학습활동

활동1 : 사랑을 주제로 표현하기

1. 우리 주변에서 아낌없이 주는 사람들을 떠올리기
2. 감사했던 일을 떠올려 사랑의 기억을 생각 그물로 표현하기
3. 같은 생각 앉기 발표를 통해서 생각한 내용이 같으면 자리에 앉고, 친구의 발표 내용과 다르면 서 있다가 발표하기

같은 생각 앉기

- 학교, 집, 학원 등에서 감사했던 일을 1가지만 떠올려 봅시다.
- 떠올린 내용을 발표하고, 생각한 내용이 같으면 자리에 앉고, 다르면 서 있다가 발표하기
- 내가 생각한 내용이 다르면 서 있다가 발표합니다.

엄마 I 항상 맛있는 밥을 해주신다.
내가 늦게 들어올 때 주무시지 않고 기다리신다.

친구 I 슬픈 일이 있을 때 항상 위로해준다.
나의 고민을 같이 걱정하고 생각해준다.

활동2 : 모둠 작품 만들기

1. 비주얼 싱킹으로 활동지에 적은 내용 간단하게 그리기
2. 완성한 그림을 잘라 모둠 도화지에 붙이기
3. 모둠원들이 모두 붙인 도화지에 모둠 이름과 제목을 써서 완성하기
4. 모둠 책상 가운데에 작품 올려두기

학습 정리 및 차시예고

영상을 보며 수업 마무리하기

1. 행복이란 무엇인지 찰리 브라운의 행복 앞부분 영상을 보기

2. 찰리 브라운의 행복 영상 링크: https://youtu.be/oMsiZftomQE

3. 내가 생각하는 행복에 대해서 허니 컴보드에 적어서 붙이기

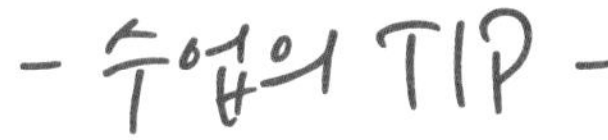

1. '활동 1에서 같은 생각 앉기는 주변에서 나를 아껴주는 사람을 ㉠ 부모님 ㉡ 친구 ㉢ 선생님 ㉣ 기타 등으로 네 부류를 나누어서 같은 생각을 한 학생들끼리 앉아서 토의를 하도록 합니다.

2. 그림을 그릴 때는 비주얼싱킹 참고 자료를 사용하여도 무방하다고 알려 줍니다.

수업자 생각

나에게 긍정의 힘을 주는 행복 구슬 비즈 제작을 통해서 다시 한 번 행복한 기억을 갖도록 수업을 구성하였다.

찰리 브라운의 행복 영상

01 동기유발

1. 찰리 브라운의 행복 영상을 보면서 나의 행복한 모습 떠올리기

찰리 브라운의 행복 영상 링크 : https://youtu.be/oMsiZftomQE

2. 나의 행복했던 모습

맛있는 음식을 먹었다, 용돈을 받았다, 집에서 푹 쉬었다 등

02 학습목표

학습목표

나에게 긍정의 힘을 주는 행복 구슬 비즈를 제작할 수 있다.

03 학습활동

활동1 : 나의 하루 또는 일주일 동안 행복했던 기억 떠올리기

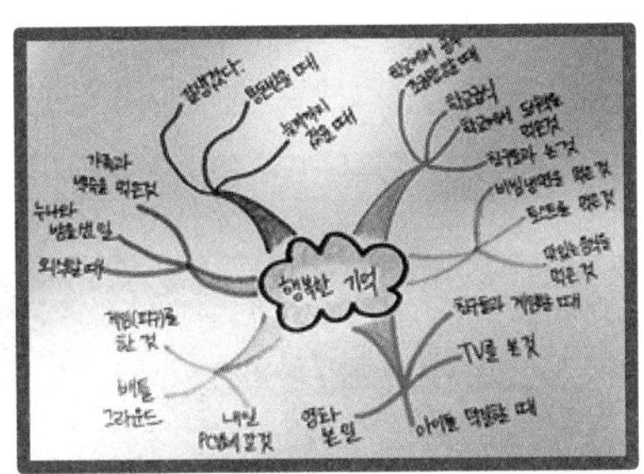

1. 나의 하루 또는 일주일 동안 감사했던 일, 행복했던 기억을 떠올려 보기
2. 모둠 친구들과 서로의 행복했던 일을 이야기 나누며 모둠 도화지를 채우기

활동2 : 긍정의 힘을 얻을 수 있도록 행복 구슬 비즈 제작하기

1. 활동 1의 내용으로 행복 구슬 팔찌에 들어갈 비즈 고르기
2. 행복 구슬 비즈를 어떻게 구성하였는지 친구에게 설명하기

04 학습정리

영상을 보며 수업을 마무리하기

1. 말의 힘 영상을 보며 우리가 사용하는 언어가 우리의 생활에 영향을 미칠 수 있음을 알기
2. 앞으로 긍정적으로 생각하며 생활하기로 약속하기
3. 언어의 힘 링크: https://youtu.be/YdPGTAvj84w

05 학습지 – 행복 구슬 비즈 만들기

행복 구슬 비즈 설명하는 글쓰기

행복팔찌를 만든 후에 나의 행복 구슬 비즈에 대해서 설명하는 글을 적어 봅니다.

수업자 생각

과거의 긍정 정서를 기르는 방법은 과거의 부정적인 사건을 긍정적인 것으로 다르게 바라보는 것이다. 따라서 해당 차시에서는 친구들과 서로의 슬펐던 일, 고민 등을 함께 나누며 부정적인 감정을 해소한다. 그리고 앞으로 생활하면서 부정적인 감정이 생겼을 때 어떻게 해소하면 좋을지를 친구들과 이야기 나누면서 찾을 수 있도록 구성하였다.

눈물 바다

01 동기유발

'눈물바다'[4]를 함께 읽기

1. 책의 제목은?
2. 혼자 울었던 경험이 있나요?
3. 나에게 슬펐던 일, 눈물 나던 일을
   떠올려 친구와 이야기 나누기

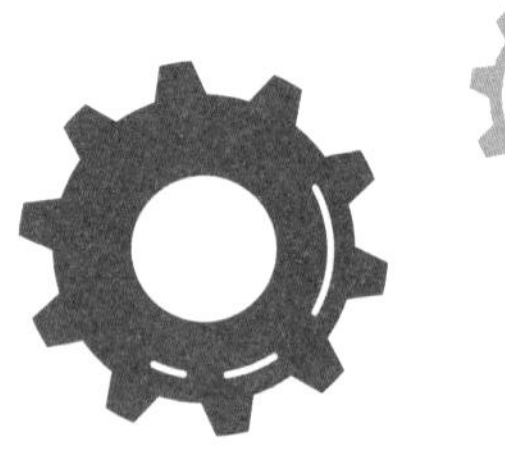

4. 서현(2009), 『눈물바다』, 사계절

02 학습목표

학습목표

'눈물바다' 그림책을 읽으며, 나의 감정을 해소하는 방법을 친구와 이야기하며 찾을 수 있다.

03 학습활동

활동 1 : 슬펐던 일, 상처받았던 일, 눈물 났던 일 떠올리기

1. 친구에게 또는 학교에서 화가 나고 속상했던 일 1-2 가지를 적어보기
2. 부모님 또는 다른 가족에게 혼나거나 슬펐던 일 1-2 가지를 적어보기
3. 혼자서 고민하거나 화났던 일 1-2 가지를 적어보기
4. 이외에 자신만의 고민이 있다면 활동지에 적어보기

눈물의 종이

초등학교　　학년　　반　　모둠

자신의 고민, 힘든 일을 생각하여 눈물의 종이에 써 주세요.

활동 2 : 나만의 부정적인 기억 해소법

1. 슬픔, 화, 눈물을 없애는 나만의 비법을 학습지에 적어보기
2. 모둠 친구들과 같이 고민과 슬픔을 이기는 비법을 이야기하기
3. 내가 적은 내용을 주변 친구들과 공유하며 친구의 고민을 들어주기
4. 친구들과 이야기 나누며 추가로 떠오른 해소법이 있으면 적기

슬픔, 화, 눈물을 없애는 나만의 방법

초등학교 학년 반 모둠

활동 3 : 안녕, 나의 눈물바다

1. 나를 눈물나게 하는 슬픈 내용의 종이를 구긴다.
2. 나의 고민이 담긴 종이를 쓰레기통에 구기고 찢어서 버리면서 스트레스를 해소하는 시간을 갖는다.

04 학습정리

나를 화나게 하는 사람에게 용서의 편지 쓰기

1. 나를 화나게 한 사람들에게 용서의 편지를 쓰기
2. 나를 화나게 한 사람에게 쓴 용서의 편지 전달하기
   - 가까이 있는 사람에게는 용서의 편지를 우체통에 넣기
   - 전달하기 힘든 경우는 종이비행기를 날려 그 사람을 용서하기

학습지 1 – 눈물의 종이

눈물의 종이

초등학교　　학년　　반　　모둠

자신의 고민, 힘든 일을 생각하여 눈물의 종이에 써 주세요.

슬픔, 화, 눈물을 없애는 나만의 방법

초등학교 학년 반 모둠

나는 슬플 때, 화가 날 때, 눈물이 날 때 이렇게 합니다.

1. ______________________________

2. ______________________________

3. ______________________________

4. ______________________________

5. ______________________________

07 학습지 3 – 용서의 편지

용서의 편지

초등학교 　학년 　반 　모둠

3장
대표 강점으로 나의 꿈을 찾아가는 아이 기르기

나 이런 사람이야!

수업자 생각

강점 검사 활동지를 통해서 나의 대표 강점을 알고, 내가 좋아하며 내가 하고 싶은 일이나 내가 특히 잘 할 수 있는 일들을 이야기함으로써 나의 꿈을 구체적으로 살필 수 있도록 수업을 구성하였다.

나 이런 사람이야!

01 동기유발

' 나 이런 사람이야' 활동지 해결하기

1. 내가 좋아하는 일이나 행동을 활동지에 쓰고 발표한다.
2. 내가 특히 잘 할 수 있는 일이나 행동을 활동지에 쓰고 발표한다.

내가 좋아하는 일이나 행동

· 색종이 접기
· 옷 사는 것
· 만드는 것
· 먹고 싶은 것 먹기
· 여행 가기
· 비행기 타기
· 친구와 시내 나가기

내가 하고싶은 일이나 행동

· 배우가 되고 싶다.
· 수의사가 되고 싶다.
· 제빵사가 되고 싶다.
· 동물들을 도와주고 싶다.

내가 특히 잘 할 수 있는 일이나 행동

· 색종이를 잘 접을 수 있다.

02 학습목표

학습목표

강점 검사 활동지를 통해서 나의 대표 강점을 알고, 나의 꿈에 대해서 구체적으로 말할 수 있다.

03 학습활동

활동1 : 나의 대표 강점 찾기[5)]

1. 나의 강점 활동지를 잘 읽고 단계를 표시한다.
2. 두 문항마다 점수를 기록한다.
3. 제일 높은 점수가 나온 5가지로 자신의 강점을 확인한다.

5. 마틴셀리그만(2011), 『긍정심리학』, 도서출판 물푸레. pp. 214-243

활동2 : 나의 대표 강점을 스스로 격려하기

1. 나의 대표 강점 중에서 점수가 높은 것 2-3가지를 활동지에 적는다.
2. 나의 강점을 격려하고 칭찬하는 말을 적는다.
   -나의 강점을 격려하고 칭찬함으로써 나에 대한 자긍심을 키운다.

[활동2] 나의 대표 강점에 내가 격려하기

04 학습정리

학습정리 : 친구의 대표 강점을 칭찬하고 격려하는 글을 쓰기

1. 활동 2에서 작성한 활동지를 모둠에서 돌려서 읽어 보기
2. 친구의 대표 강점에 칭찬과 격려의 글을 쓰기

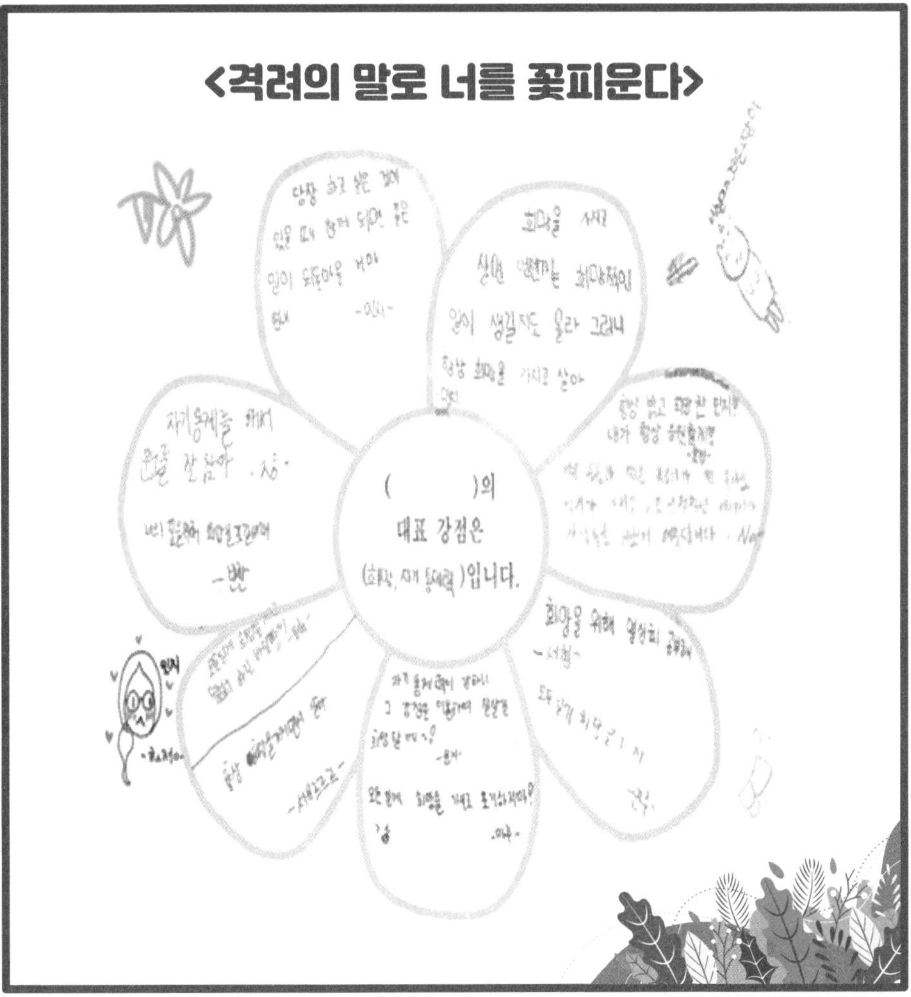

<격려의 말로 너를 꽃피운다>

(　　　)의
대표 강점은
(희망, 자기 통제력)입니다.

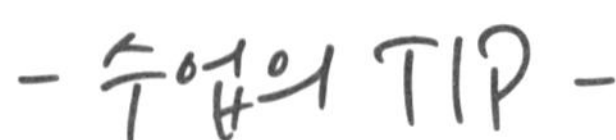

1. 강점 검사 사이트
   〈 https://www.viacharacter.org/survey/account/register 〉

2. 강점 검사 안내 블로그 주소
   〈 http://blog.naver.com/PostView.nhn?blogId=yes_712&logNo=221981575711 〉

3. 나의 강점 찾기 학습지는 단순한 수준이고, 위의 강점 검사 사이트에 들어 가면 더 정확하게 강점검사를 할 수 있다.

05 학습지 1 - 나 이런 사람이야

초등학교 학년 반 모둠

내가 특히 잘 할 수 있는 일이나 행동

내가 좋아하는 일이나 행동

내가 하고 싶은 일이나 행동

06 학습지 2 – 나의 강점 찾기 검사지

초등학교　　학년　　반　　모둠

나의 강점 찾기

질문의 내용이 여러분에게 조금 해당될수록 1점 쪽에, 많이 해당될수록 5점 쪽에 O 표시를 하고, 두 문제씩 점수의 합계를 총점 칸에 적으면 됩니다.

질문	점수					총점	강점	미덕
1. 새로운 방법 찾기를 좋아한다.	1	2	3	4	5			
2. 상상력이 뛰어나다.	1	2	3	4	5			
3. 세상에 호기심이 많다.	1	2	3	4	5			
4. 쉽게 싫증을 내지 않는다.	1	2	3	4	5			
5. 감정에 치우치지 않고 객관적으로 판단할 수 있다.	1	2	3	4	5			
6. 성급하게 판단하지 않는다.	1	2	3	4	5			
7. 새로운 것을 배울 때 기쁘다.	1	2	3	4	5			
8. 학교 외에 도서관이나 박물관과 같은 교육적 장소에 자주 간다.	1	2	3	4	5			
9. 어떤 일을 전체적으로 파악할 줄 안다.	1	2	3	4	5			
10. 나에게 조언을 구하러 오는 친구가 많다.	1	2	3	4	5			
11. 약속을 지킨다.	1	2	3	4	5			
12. 친구들이 나에게 솔직하게 말한다.	1	2	3	4	5			
13. 강력한 반대에도 내 주장을 지킬 때가 많다.	1	2	3	4	5			
14. 고통이 있더라도 의지를 굽히지 않는다.	1	2	3	4	5			
15. 한번 시작한 일은 끝까지 해낸다.	1	2	3	4	5			
16. 공부할 때 딴 짓을 하지 않는다.	1	2	3	4	5			
17. 어떤 일을 하든 온 힘을 다 기울인다.	1	2	3	4	5			
18. 하는 일마다 의욕이 많다.	1	2	3	4	5			
19. 다른 사람을 잘 도와준다.	1	2	3	4	5			
20. 다른 사람들의 기쁜 일을 내 일처럼 즐거워한다.	1	2	3	4	5			

질문	점수					총점	강점	미덕
21. 내 주변에는 나의 행복에 관심을 가져주는 사람들이 있다.	1	2	3	4	5			
22. 다른 사람이 베푸는 사랑을 즐겁게 받아들인다.	1	2	3	4	5			
23. 어떤 단체에 가도 잘 적응한다.	1	2	3	4	5			
24. 다른 사람의 감정을 잘 이해한다.	1	2	3	4	5			
25. 누구에게든 똑같이 대한다.	1	2	3	4	5			
26. 싫어하는 사람도 공정하게 대한다.	1	2	3	4	5			
27. 사람들이 마음을 모을 수 있도록 이끈다.	1	2	3	4	5			
28. 친구 집단을 만들고 이끄는데 소질이 있다.	1	2	3	4	5			
29. 어떤 단체에 가입하면 최선을 다한다.	1	2	3	4	5			
30. 집단의 이익을 위해 나의 이익을 포기할 수 있다.	1	2	3	4	5			
31. 다른 사람이 저지른 과거의 잘못을 일부러 다시 얘기 하지 않는다.	1	2	3	4	5			
32. 복수하려고 하지 않는다.	1	2	3	4	5			
33. 다른 사람들이 나를 칭찬하면 이야기의 주제를 다른 것으로 바꾼다.	1	2	3	4	5			
34. 내가 잘한 일을 스스로 추켜세우지 않는다.	1	2	3	4	5			
35. 다칠 위험이 있는 일은 하지 않는다.	1	2	3	4	5			
36. 나쁜 친구는 사귀지 않는다.	1	2	3	4	5			
37. 내 마음의 감정을 조절할 줄 안다.	1	2	3	4	5			
38. 중요한 일을 해야 할 때 당장 하고 싶은 것(음식, 게임)을 참을 수 있다.	1	2	3	4	5			
39. 음악, 미술, 연극, 영화, 스포츠, 과학, 수학에서 아름다움을 자주 느낀다.	1	2	3	4	5			
40. 평소에 아름다움을 추구하며 산다.	1	2	3	4	5			
41. 작은 일이라도 고맙다고 말한다.	1	2	3	4	5			
42. 내가 받은 은혜에 대해 생각한다.	1	2	3	4	5			
43. 긍정적으로 생각한다.	1	2	3	4	5			
44. 하고 싶은 일을 실천하기 위해 철저하게 계획한다.	1	2	3	4	5			
45. 공부도 놀이처럼 즐겁게 하려고 한다.	1	2	3	4	5			
46. 남을 웃기게 하는 말을 자주 한다.	1	2	3	4	5			
47. 삶의 목적이 뚜렷하다.	1	2	3	4	5			
48. 맡은 일을 해내려는 책임감이 있다.	1	2	3	4	5			

1. 검사지로 대표 강점 찾기

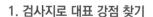

1) 강점 검사지를 해결합니다.
2) 뒷장에 있는 강점 카드를 봅니다.
3) 검사지 1-48번은 2문항씩 순서대로 강점 카드 1-24에 해당합니다.
   예) 검사지 1-2번은 강점 카드 1의 창의성, 3-4번은 강점 카드 2의 호기심입니다.
4) 강점 검사지의 총점이 높은 5가지가 여러분의 대표 강점입니다.
5) 대표 강점 5가지 중에서 한가지를 찾아서 〈보기〉와 같이 적어 보세요.

〈 보기 〉
저의 대표 강점은 유머 입니다.
저는 친구들을 웃길 때 가장 즐겁고, 의욕이 넘치고, 행복합니다.

저의 대표 강점은 ________________ 입니다.

저는 ________________ 때 가장 즐겁고, 의욕이 넘치고, 행복합니다.

2. 여러분의 대표 강점을 활용할 수 있는 방법이 무엇인지 두 가지만 적어 봅시다.

1. ________________________________

2. ________________________________

07 학습지 3 – 강점 카드

강점카드

강점카드로 표현해 보세요.

번호	강점	번호	강점
1	창의적이다.	13	리더십이 많다.
2	호기심이 많다.	14	공동체 의식 (나보다 전체를 위한다.)
3	판단력이 뛰어나다.	15	용서를 잘한다.
4	예상(예견)을 잘한다.	16	겸손하다.
5	진실(진정성)하다.	17	신중하다.
6	용감(용맹)하다.	18	자기 통제력이 강하다. (하고 싶은 것을 잘 참는다.)
7	끈기가 있다.	19	감상을 잘한다. (평소에 아름다움을 추구한다.)
8	열정(의욕)이 많다.	20	감사하는 마음을 갖는다.
9	친절하다.	21	희망의 마음을 갖고 있다. (긍정적으로 생각하고 미래를 계획한다.)
10	사랑스럽다.	22	유머를 갖고 있다.
11	사회성이 뛰어나다.	23	영성의 마음을 갖고 있다. (삶의 목적과 책임감이 뚜렷하다.)
12	공정하다.	24	학구열이 있다. (새로운 것을 배울 때 기쁘다.)

학습지 4 – 미래와 꿈 격려하기

초등학교 학년 반 모둠

( )의 대표 강점은 ( )입니다.

1. 자신의 강점을 바탕으로 자신의 미래 또는 꿈을 적습니다.
2. 친구의 미래 또는 꿈에 격려하는 글을 써 봅시다.

나의 꿈 후보를 찾아서

수업자 생각

나의 미래의 모습을 구체화하는 활동을 통해서 자신의 꿈을 탐색하는 시간으로 수업을 구성하였다. 이 수업에서는 자신의 꿈을 꾸기만 하면 좋은 것이 아니라 그 꿈이 세상을 더 아름답게 만들 수 있도록 구성하였다.

나의 꿈 후보를 찾아서

01 동기유발

블랙 해커와 화이트 해커 시청하기

https://www.youtube.com/watch?v=y9N2vQ952d8

02 학습목표

미래의 나의 꿈을 구체화 하는 활동을 통해서 나의 꿈을 더 체계적으로 탐색할 수 있다.

03 학습활동

활동1 : 나의 미래의 꿈을 찾아 보자

1. 활동지에 자신이 잘 하는 것과 자신이 일하면서 즐거움을 느끼는 것을 생각나는 대로 적는다.
2. 지난 시간에 다른 친구들이 자신의 꿈과 미래에 관해서 이야기해 준 것을 참고하여 학습지를 완성해 봅니다.

· 자신이 잘하는 일과 일하면서 즐거움을 느끼는 것을 포스트잇에 한 장당 하나씩 생각나는 대로 자유롭게 씁니다.

· 친구에게 잘하는 일을 이야기해 주는 것도 좋아요.

· 친구가 이야기해 준 것은 스스로 판단해서 적습니다.

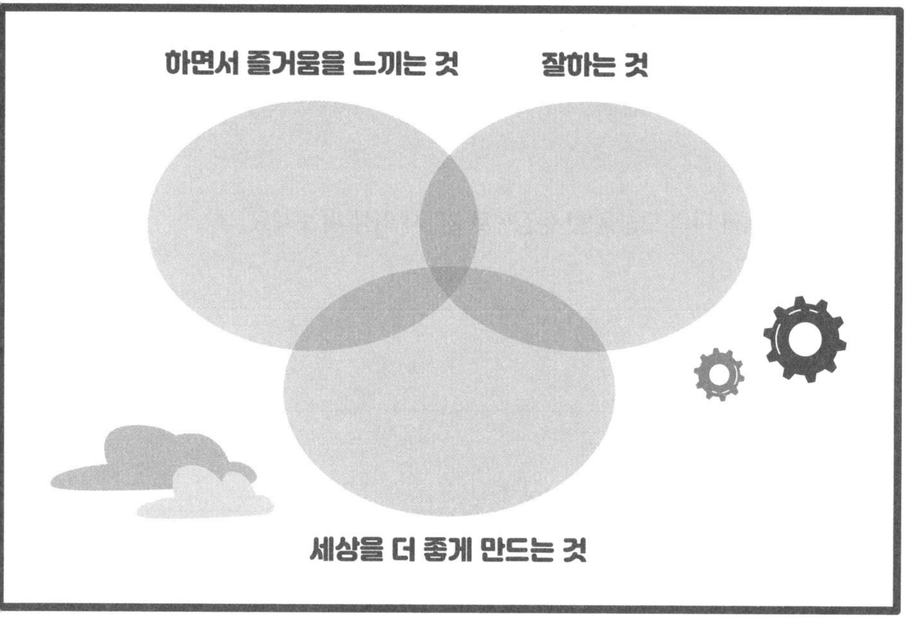

하면서 즐거움을 느끼는 것

잘하는 것

세상을 더 좋게 만드는 것

활동2 : 미래의 내 모습을 한 문장으로 만들기[6]

1. 아래의 예를 참고하여 미래의 '나'의 모습을 한 문장으로 설명해 봅시다.

- 의사로서 국경없는 의사회의 일원으로 활동하고 있는 모습
- 많은 학생 앞에서 열정적으로 강의를 하는 모습
- 쓸쓸하게 사시는 노인을 찾아가서 정성스럽게 목욕을 시켜드리는 모습
- 아름다운 노래로 많은 사람에게 감동을 주는 모습
- 오염으로 인해 죽어가는 야생 동물들을 보살피고 있는 모습
- 평범하게 살면서 한두 명의 소년 소녀 가장을 후원하는 모습
- 어려운 사람들의 입장을 변호해 주는 인권 변호사의 모습
- 노숙자와 실직자들에게 점심을 나누어주고 있는 모습
- 병원에서 환자들을 돌보며 그들을 위해 간호하고 있는 모습
- 농장을 돌아보며 식물들과 동물들을 보살피고 있는 모습
- 한국을 모르는 사람들에게 한국의 문화와 역사를 알려주고 있는 모습
- 상처받고 힘들어하는 사람들의 이야기를 들어주고 손을 잡아주는 모습
- 세상에 큰 변화를 가져올 기술을 연구하는 모습
- 온 힘을 다해 악기를 연주한 후, 청중들의 박수에 답례하고 있는 모습
- 회의실에서 다양한 사람들과 토론하고, 지시사항을 말해주는 모습

2. 미래의 나의 모습을 한 문장으로 2가지 이상 써 보세요.

1. ______________________________

2. ______________________________

3. ______________________________

6. 강헌구(2009), 『I have a dream』, 한국비전교육원, pp. 166-179

04 학습정리

학습정리 : 미래 나의 꿈으로 나만의 프로필 만들기

1. 나의 꿈에 대해서 적는다.
2. 나의 꿈이 나뿐만 아니라 세상을 더 좋게 만드는데 이바지할 방법을 적어서 SNS 프로필로 만든다.

예) 나의 꿈은 배드민턴 선수

예) 나의 꿈을 이루고 세상을 위해서 할 일은 배드민턴 선수가 되어서 우리나라를 전세계에 알리는 것이다.

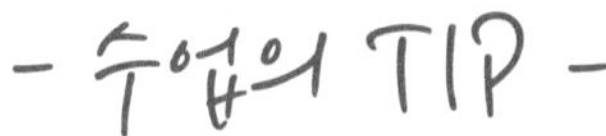

1. 내가 하고 싶은 꿈 이야기뿐만 아니라 나의 꿈이 다른 사람들을 어떻게 아름답게 하는지를 말하게 함으로써 자신의 꿈을 더 풍성하고 의미있게 한다.

2. sns 프로필 사진에 자신의 꿈을 적음으로써 자신의 꿈을 남에게 알리고 구체화하도록 한다.

05 학습지 1 – 내 삶의 목표를 찾아서

· 자신이 잘하는 일과 일하면서 즐거움을 느끼는 것을 포스트잇에 한 장당 하나씩 생각나는 대로 자유롭게 씁니다.

· 친구에게 잘하는 일을 이야기해 주는 것도 좋아요.

· 친구가 이야기해 준 것은 스스로 판단해서 적습니다.

일하면서 즐거움을 느끼는 것

잘하는 것

세상을 더 좋게 만드는 것

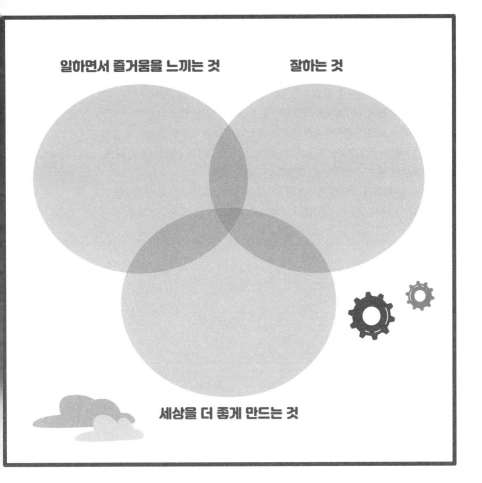

06 학습지 2 - 미래의 '나'의 모습을 한 문장으로 만들기

아래의 예를 참고하여 미래의 '나'의 모습을 한 문장으로 설명해 봅시다.

- 의사로서 국경없는 의사회의 일원으로 활동하고 있는 모습
- 많은 학생 앞에서 열정적으로 강의를 하는 모습
- 쓸쓸하게 사시는 노인을 찾아가서 정성스럽게 목욕을 시켜드리는 모습
- 아름다운 노래로 많은 사람에게 감동을 주는 모습
- 오염으로 인해 죽어가는 야생 동물들을 보살피고 있는 모습
- 평범하게 살면서 한두 명의 소년 소녀 가장을 후원하는 모습
- 어려운 사람들의 입장을 변호해 주는 인권 변호사의 모습
- 노숙자와 실직자들에게 점심을 나누어주고 있는 모습
- 병원에서 환자들을 돌보며 그들을 위해 간호하고 있는 모습
- 농장을 돌아보며 식물들과 동물들을 보살피고 있는 모습
- 한국을 모르는 사람들에게 한국의 문화와 역사를 알려주고 있는 모습
- 상처받고 힘들어하는 사람들의 이야기를 들어주고 손을 잡아주는 모습
- 세상에 큰 변화를 가져올 기술을 연구하는 모습
- 온 힘을 다해 악기를 연주한 후, 청중들의 박수에 답례하고 있는 모습
- 회의실에서 다양한 사람들과 토론하고, 지시사항을 말해주는 모습

1. ______________________________

2. ______________________________

3. ______________________________

수업자 생각

이 시간에는 자신의 꿈을 이루기 위해 내가 노력할 점과 나의 강점을 가지고, 나의 꿈 JAM 병을 만드는 시간으로 구성하였다. 나만의 개인 목표 꿈 JAM 병 만들기 활동을 통해서 자신의 꿈을 더 구체적으로 설계할 수 있을 것이다.

나만의 개인 목표 꿈 JAM 병 만들기

01 동기유발

짝 친구에게 나의 꿈에 대해서 자유롭게 이야기하기

1. 짝 친구에게 나의 개인 목표를 말하고 왜 그런 개인 목표를 세웠는지 이유 말하기
2. 나의 개인 목표를 이루기 위해 노력할 점을 활동지에 1~2가지 쓰기
3. 나의 개인 목표를 이루기 위해 가져야 할 강점을 활동지에 2~3가지 쓰기
4. 친구의 목표를 이루기 위해 선물해 주고 싶은 강점을 활동지에 2~3가지 쓰기
5. 친구의 목표를 이루기 위해 내가 해줄 수 있는 격려의 말 써 주기

초등학교 학년 반 모둠

나의 목표를 이루기 위해 지금 내가 할 수 있는 것은? 1~2가지를 쓰세요.	나의 목표를 이루기 위해 내가 가져야 할 강점은? 2~3가지를 쓰세요.
나의 목표 또는 미래	
친구가 목표를 이루기 위해 필요한 강점 3가지 선물하기	친구에게 격려의 말 적기

02 학습목표

나만의 개인 목표 꿈 JAM 병 만들기 활동을 통해서 나의 꿈을 구체적으로 말할 수 있다.

03 학습활동

활동1 : 나만의 개인 목표 꿈 JAM 병 만들기

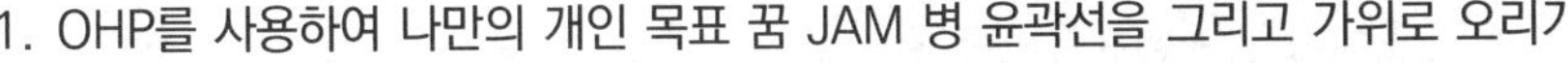

1. OHP를 사용하여 나만의 개인 목표 꿈 JAM 병 윤곽선을 그리고 가위로 오리기
2. 강점 카드를 사용하여 나에게 맞는 강점 2~3가지를 나만의 개인 목표 JAM 병에 붙이기

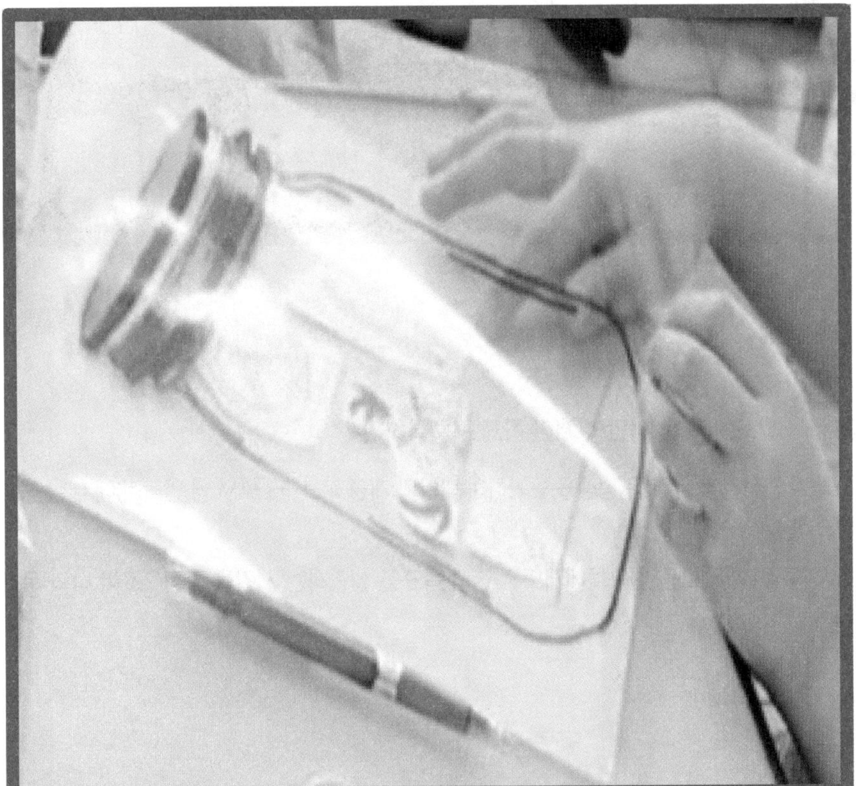

활동2 : 친구가 추천한 강점을 추가하여 나만의 개인 목표 꿈 JAM 병 만들기

1. 친구가 나에게 더 필요한 강점을 추천하면 나만의 개인 목표 꿈 JAM 병에 추가하기
   - 활동지 ①에 있는 강점 사전을 참조하여 강점을 추가하기
2. 나와 친구가 추천한 나만의 개인 목표 꿈 JAM 병을 완성하여 칠판에 게시하기

04 학습정리

느낀 점 : 발표하기 및 나만의 개인 목표 구체화하기

1. 오늘 수업시간에 한 활동(강점을 추가하여 나만의 개인 목표 꿈 JAM 병 만들기)에 대한 생각을 발표하기
2. 짝 친구 이외에 모둠 친구들에게도 자신의 목표를 설명하는 시간을 가짐으로써 나의 목표를 더 구체화하기

학습지 1 – 나의 목표 친구와 이야기하기

나의 목표 친구랑 이야기 하기

나의 목표를 다시 써 보고 그 목표를 이루는 방법을 짝과 이야기해 보기.

초등학교 학년 반 모둠

나의 목표를 이루기 위해
지금 내가 할 수 있는 것은?

1.

2.

1~2가지를 쓰세요.

나의 목표를 이루기 위해
내가 가져야 할 강점은?

1.

2.

3.

2~3가지를 쓰세요.

나의 목표 또는 미래

친구가 목표를 이루기 위해
필요한 강점 3가지 선물하기

1.

2.

3.

친구에게 격려의 말 적기

학습지 2 – 나만의 개인 목표 꿈 JAM 병 만들기

나만의 개인 목표 꿈 JAM 병 만들기

1. 병 모양(JAM)의 밑그림을 준비하기
2. 병 모양의 밑그림에 OHP 필름을 대고 그린 다음 오리기
3. 색지에 OHP 필름으로 병 모양 본뜬 것을 대고 오리기
4. 밑에 색지를 두고 병 모양 OHP 필름으로 덮기
5. 나의 강점이나 긍정적 말을 JAM 병에 넣기
6. 나에게 더 필요한 강점이나 친구에게 도움이 되는 강점을 선물하기
   - 강점만이 아니라 친구에게 주고 싶은 좋은 감정과 긍정적 말을 담아도 됩니다.
   - 활동지의 강점카드를 참조하여 친구에게 선물하여도 됩니다.

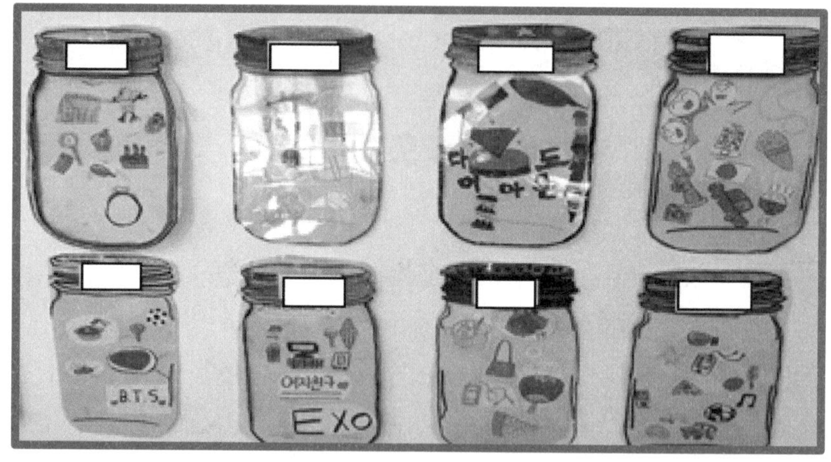

강점이나 긍정적 말을 친구에게 선물하여도 무방합니다.

07 학습지 3 – 강점카드

강점카드

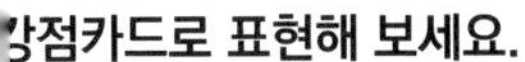

강점카드로 표현해 보세요.

번호	강점	번호	강점
1	창의적이다.	13	리더십이 뛰어나다.
2	호기심이 많다.	14	공동체 의식 (나보다 전체를 위한다.)
3	판단력이 뛰어나다.	15	용서를 잘한다.
4	예상(예견)을 잘한다.	16	겸손하다.
5	진실(진정성)하다.	17	신중하다.
6	용감(용맹)하다.	18	자기 통제력이 강하다. (하고 싶은 것을 잘 참는다.)
7	끈기가 있다.	19	감상을 잘한다. (평소에 아름다움을 추구한다.)
8	열정(의욕)이 많다.	20	감사하는 마음을 갖는다.
9	친절하다.	21	희망의 마음을 갖고 있다. (긍정적으로 생각하고 미래를 계획한다.)
10	사랑스럽다.	22	유머를 갖고 있다.
11	사회성이 뛰어나다.	23	영성의 마음을 갖고 있다. (삶의 목적과 책임감이 뚜렷하다.)
12	공정하다.	24	학구열이 있다. (새로운 것을 배울 때 기쁘다.)

꿈을 포기하지 않는
나를 찾아서

수업자 생각

이 시간에는 꿈을 포기하지 않는 나를 찾기 위해서 나의 그릿 척도를 검사해 보고, 그릿을 실천하기 위해 한 달 동안 실천 여부를 점검함으로써 나의 꿈을 체계적으로 실현시켜 나가는 시간으로 계획하였다.

그릿으로 꿈을 포기하지 않는 나를 찾아서

01 동기유발

다음은 누구의 하루 생활[7]일까요?

비스트 베럭스 일과표			
시간	일정	시간	일정
5시	기상	14시 - 15시 45분	훈련/수업
5시 30분	기상 점호	16시 - 17시 30분	단체경기
5시30분 - 6시55분	체력단련	17시30분 - 7시55분	세면 및 청소
6시55분 - 7시25분	세면 및 청소	18시 - 18시45분	석식
7시30분 - 8시15분	조식	19시 - 21시	훈련/ 수업
8시30분 - 12시45분	훈련/수업	21시 - 22시	지휘관 조회
13시 - 13시 45분	중식	22시	소등

7. 앤절라 더크워스(2016), 『그릿』, 비즈니스 북스, pp. 24-25

설명 1 : 미국 육군 사관학교 입학생 안내

1. 미국 대학입학 자격시험에서 높은 점수와 뛰어난 고등학교 성적을 받아야 한다.
2. 미국 하원의원이나 상원의원 또는 미국 부통령의 추천서를 받아야 입학할 수 있다.
3. 해마다 1만 4000명이 지원하지만 1차에서 4000명을 선발하고, 2차에서 2500명을 선발하고, 마지막 단계에서 1200명만 입학 허가를 받는다.

설명 2 : 미국 육군 비스트 중도 탈락률 71퍼센트

1. 모든 학생이 최고의 성적과 리더십 경험, 운동 실력을 가지고 있었지만 비스트 훈련에서 71퍼센트나 탈락을 하였다.
2. 비스트 훈련에서 훌륭하게 마친 사람들의 특징은 무엇인가? 그것은 바로 그릿(GRIT)이다. 그릿은 성공한 사람이 모두 가지고 있는 특징이다.

설명 3 : 성공한 사람의 특징인 그릿(GRIT) 연구[8)]

1. 그들은 대단히 회복력이 강하고 근면했다.
2. 자신이 원하는 바가 무엇인지 깊이 이해하고 있다.
3. 성공한 사람들은 열정과 결합된 끈기를 가지고 있다.

 학습목표

학습목표

성공한 사람들의 특징인 그릿의 의미를 알고, 그릿 키우는 활동을 통해서 나의 꿈을 포기하지 않고 더욱 키울 수 있는 사람이 될 수 있다.

8. 앤절라 더크워스(2016), 『그릿』, 비즈니스 북스, p. 29

03 학습활동

활동 1 : 그릿 척도 검사하기[9]　　(　　　　　)의 그릿 지수 검사 하기

내용	전혀 그렇지 않다	그렇지 않다	그런 편이다	그렇다	매우 그렇다
1. 나는 새로운 아이디어와 프로젝트 때문에 기존의 것에 소홀해진 적이 있다.	1	2	3	4	5
2. 나는 실패해도 실망하지 않는다. 나는 쉽게 포기하지 않는다.	1	2	3	4	5
3. 나는 한 가지 목표를 세워놓고 다른 목표를 추구한 적이 종종 있다.	1	2	3	4	5
4. 나는 노력가이다.	1	2	3	4	5
5. 나는 몇 개월 이상 걸리는 일에 계속 집중하기 힘들다.	1	2	3	4	5
6. 나는 뭐든 시작한 일은 반드시 끝낸다.	1	2	3	4	5
7. 나의 관심사는 해마다 바뀐다.	1	2	3	4	5
8. 나는 성실하다. 나는 결코 포기하지 않는다.	1	2	3	4	5
9. 나는 어떤 아이디어나 프로젝트에 잠시 사로잡혔다가 얼마 후에 관심을 잃은 적이 있다.	1	2	3	4	5
10. 나는 좌절을 딛고 중요한 도전에 성공한 적이 있다.	1	2	3	4	5
홀수 영역 합계(열정)					
짝수 영역 합계(끈기)					
총 합계(그릿)					

해당 점수에 0를 하세요

홀수(1,3,5,7,9)영역의 점수를 합산해 주시고, 짝수(2.4.6.8.10) 영역의 점수를 합산해 적어 주세요. 마지막으로 총 합계를 적어 주세요.

9. 앤절라 더크워스(2016), 『그릿』, 비즈니스 북스, p. 29

활동 2 : 그릿으로 꿈을 포기하지 않는 나를 찾아서

1. 나의 최종의 꿈 이야기하기 : 예) 훌륭한 선생님
2. 환상이 아닌, 진정한 꿈을 찾기 위해 상위 목표와 중간 목표 그리고 하위 목표 정하기[10]

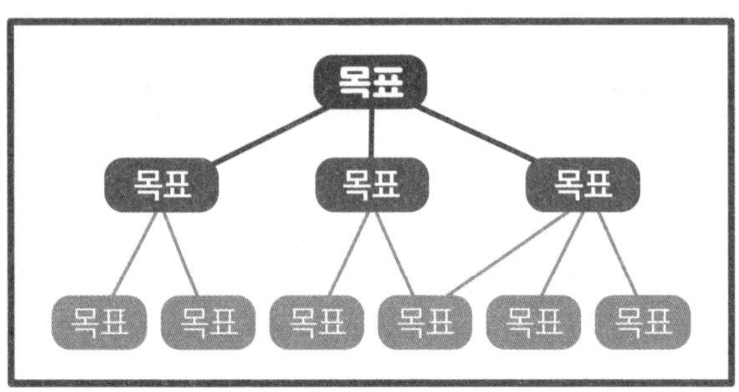

1) 상위 목표는 지워지지 않는 볼펜으로 써라.
2) 하위 목표는 지울 수 있는 연필로 써라
3) 상위 목표를 볼펜으로 쓰고, 상위 목표를 이루기 위한 하위 목표를 정하라.
예를 들면 상위 목표는 춘천교육대학교 합격을 볼펜으로 적고, 하위 목표는 고등학교 1등급, 봉사활동 교육관련 봉사활동 3가지 하기(지역 학생 공부 도와주기 등) 교육관련 동아리 만들기 및 참여 등등을 적는다.

활동 2 : 그릿으로 나의 꿈 날개 달기

1. 나의 최종 목표(꿈)는?
2. 최종 꿈과 관련해서 현재 내가 한달 동안 실천할 수 있는 것 3-5가지 적기
3. 나의 최종 꿈은 교사이다. 그래서 나는 한 달 동안 도서관에서 매주 책을 읽겠다. 나는 천천히 배우는 친구에게 도와주는 역할을 1달 동안 하겠다.
4. 한 달 동안 내가 실천할 일 계획표 작성 및 실천하기

10. 앤절라 더크워스(2016), 『그릿』, 비즈니스 북스, p. 94

04 학습정리

한 달 동안 실천한 나의 기록 친구들 앞에서 발표하고 나의 꿈에 대해서 다시 한번 확인하기

한 달 동안 내가 실천할 일 계획표								
상위 목표								
	매주 할 일 내용	실천 확인						
한 달 동안 할 일 예시	매주 책 한 권씩 읽기 및 학급 도서 정리	월	화	수	목	금	토	일
할 일 1								
할 일 2								
할 일 3								
할 일 4								
할 일 5								

- 수업의 TIP -

1. 낭만적이고 이루기 힘든 꿈이 아니라 실현 가능한 꿈을 구체적으로 계획하기 위해서 그릿을 실천할 필요가 있다.

2. 학습지 3의 내가 한달 동안 실천할 일 계획표에 따라 실천하는 것은 나의 꿈을 구체적으로 이루기 위한 그릿 능력을 기르는 좋은 방법이다.

05 학습지 1 – 그릿 검사지

(   )의 그릿 지수 검사 하기

내용	전혀 그렇지 않다	그렇지 않다	그런 편이다	그렇다	매우 그렇다
1. 나는 새로운 아이디어와 프로젝트 때문에 기존의 것에 소홀해진 적이 있다.	1	2	3	4	5
2. 나는 실패해도 실망하지 않는다. 나는 쉽게 포기하지 않는다.	1	2	3	4	5
3. 나는 한 가지 목표를 세워놓고 다른 목표를 추구한 적이 종종 있다.	1	2	3	4	5
4. 나는 노력가이다.	1	2	3	4	5
5. 나는 몇 개월 이상 걸리는 일에 계속 집중하기 힘들다.	1	2	3	4	5
6. 나는 뭐든 시작한 일은 반드시 끝낸다.	1	2	3	4	5
7. 나의 관심사는 해마다 바뀐다.	1	2	3	4	5
8. 나는 성실하다. 나는 결코 포기하지 않는다.	1	2	3	4	5
9. 나는 어떤 아이디어나 프로젝트에 잠시 사로잡혔다가 얼마 후에 관심을 잃은 적이 있다.	1	2	3	4	5
10. 나는 좌절을 딛고 중요한 도전에 성공한 적이 있다.	1	2	3	4	5
홀수 영역 합계(열정)					
짝수 영역 합계(끈기)					
총 합계(그릿)					

해당 점수에 0를 하시세요

홀수(1,3,5,7,9)영역의 점수를 합산해 주시고, 짝수(2.4.6.8.10) 영역의 점수를 합산해 적어 주세요. 마지막으로 총 합계를 적어 주세요.

학습지 2 - 그릿 점수

백분위와 그릿 점수 관계

내용	내용
10%	2.5
20%	3.0
30%	3.3
40%	3.5
50%	3.8
60%	3.9
70%	4.1
80%	4.3
90%	4.5
95%	4.7
99%	4.9

07 학습지 3 – 한 달 동안 내가 할 일

한 달 동안 내가 실천할 일 계획표								
상위 목표								
	매주 할 일 내용	실천 확인						
한 달 동안 할 일 예시	매주 책 한 권씩 읽기 및 학급 도서 정리	월	화	수	목	금	토	일
할 일 1								
할 일 2								
할 일 3								
할 일 4								
할 일 5								

더 밝은 세상을 위하여

수업자 생각

이 수업에서는 자신의 꿈과 관련된 봉사활동 계획서를 작성하는 시간이다. 자신의 꿈과 관련된 봉사활동을 계획함으로써 나의 꿈이 개인적인 수준이 아니라 나를 넘어선 세상에 기여함을 느끼게 하도록 구성하였다.

더 밝은 세상을 위하여

01 동기유발

모둠별로 가정, 학교, 지역사회에서의 봉사활동의 예를 발표하기

1. 가정에서 봉사활동을 실천한 모습을 발표하기
2. 친구에게 봉사활동을 실천한 모습을 말하기
3. 학교 및 지역사회에서 봉사활동을 실천한 모습을 발표하기
4. 봉사하는 이유에 대해서 친구와 서로 질문하고 대답하기

02 학습활동

활동 1 : 나의 봉사 활동 실천 다짐서 작성하기

1. 나의 개인 목표 및 봉사 활동 실천 다짐서 작성하기
2. 나의 개인 목표를 이루기 위한 봉사 활동 실천 다짐하기

활동 2 : 봉사 활동 실천 계획서(개인별) 작성하기

1. 나의 개인 목표를 이루기 위한 일일 봉사 활동 실천 내용을 기록하기
2. 최소 2~3주 동안의 봉사 활동 실천 내용을 적고, 잘한 점과 아쉬운 점을 적기
3. 봉사 활동 내용을 구체적으로 적기

03 학습 정리 및 차시예고

학습정리

나의 개인 목표 및 봉사 활동 계획서를 적으면서 느낀 점이나 아쉬운 점을 모둠별로 이야기하기

차시예고

1. 다음 시간에는 봉사 활동 홍보 UCC 제작 계획서를 작성하기
2. 모둠별로 UCC 제작에 필요한 역할 분담하기
3. 모둠별로 UCC 제작 시나리오 만들기

학습지 – 봉사활동 다짐서(개인별)

초등학교　　학년　　반　　모둠

1. 나의 개인 목표 및 봉사 활동 계획

내가 선택한 (가정 / 학교)에서 할 수 있는 (봉사 활동)

봉사 활동으로 이룰 수 있는 나의 개인적인 목표

(예시 : 친구들에게 캐릭터를 그려줌으로써 기쁨을 주고, 친구와 더 친해지기도 하고, 앞으로 만화가로서 나의 꿈에 도움이 되도록 한다.)

2. 봉사 활동 실천 내용을 다양하고 구체적으로 적고, 7일 동안 실천해 봅시다!

기간 : 　월　일(　) ~ 월　일(　) [휴일 제외 7일]

월　일	봉사 활동 실천 내용	잘한 점	아쉬운 점
월　일 ( )			
월　일 ( )			
월　일 ( )			

(예시)
- 10월 1일, 우리 반에 있는 책을 정리하였다.
- 10월 10일, 3층 변기 문에 3초 동안 물 내리기 포스터를 붙였다.

수업자 생각

이 수업은 자신의 꿈과 관련된 봉사활동을 계획하고, 실천하는 것을 홍보 동영상으로 만들어서 세상에 알리는 시간으로 계획하였다. 자신의 꿈과 관련된 봉사활동을 계획만 하는 것이 아니라 남들 앞에 홍보함으로써 자신의 꿈을 다른 사람에게 알릴 수 있는 좋은 기회를 가질 수 있게 수업을 구성하였다.

내 꿈을 세상에 펼쳐라

01 동기유발

봉사활동 홍보 동영상(UCC) 발표 준비하기

1. 우리가 실시한 봉사활동에는 무엇이 있는지 이야기하기
2. 봉사활동 홍보 동영상을 제작하여 사람들에게 알릴 수 있는 것이 무엇인지 이야기하기
3. 홍보 영상을 만들 때 주의할 점은 무엇인지 이야기하기
4. 왜 우리가 봉사활동을 했는지를 답할 수 있는 내용으로 봉사활동 홍보 동영상을 제작해 보기

02 학습활동

활동 1 : 모둠별로 봉사활동 홍보 동영상 제작하기

1. 모둠별로 자료 검색 분야, 미술 및 사진 선별 분야, 영어 번역 및 자막분야 등으로 나누어서 봉사활동 홍보 동영상 역할을 분담한다.
2. 1인 또는 2인이 봉사활동 홍보 동영상을 제작하여도 무관하다.

활동 2 : 모둠별로 봉사 활동 홍보 동영상 계획서 작성하기

1. 홍보 동영상 흐름을 간단한 글이나 그림으로 표현하기
2. 모둠별로 의논하여 봉사 활동 홍보 동영상 (UCC) 제목을 적기
3. 넣고 싶은 자막과 제작진을 적기

활동 3 : 모둠별 봉사 활동 홍보 동영상 발표 및 알리기

1. 제작된 모둠별 봉사 활동 홍보 동영상을 우리 반 친구들 앞에서 발표하기
2. 친구들과 선생님들의 의견을 참고하여 최종적으로 봉사 활동 홍보 동영상을 완성하기
3. 저작권에 문제가 없는 것은 유튜브(YOUTUBE)에 올려서 봉사 활동을 홍보하기

03 학습 정리 및 느낀 점 말하기

학습정리

1. 봉사활동 홍보 UCC를 제작하면서 느낀 점을 허니 컴보드에 적어서 칠판에 적기
2. 우리가 한 봉사활동이 나의 삶이나 다른 사람에게 어떤 영향을 끼쳤는가를 생각하며 적기

느낀 점 말하기

1. 봉사활동 홍보 동영상을 마치고 하고 싶은 이야기 또는 아쉬운 점 발표하기
2. 봉사활동 중이나 봉사활동 홍보 동영상을 만들면서 나에게 또는 친구에게 하고 싶은 말을 자유롭게 이야기하기

학습지 – 봉사활동 홍보 역할 정하기

초등학교 학년 반 모둠

[UCC 제작] 모둠별로 할 봉사활동과 홍보 영상의 형식을 선택하여 해당하는 칸에 O 표를 하세요.

1명, 2~3명이 함께 하셔도 됩니다. 모둠원 최대 4명으로 제한하겠습니다.

봉사활동 및 봉사 홍보 영상의 형식	내 생각	모둠 득표수	선택 (O, X)
1. 가정에서 봉사하기			
2. 마니또 게임하기			
3. 학급에서 봉사활동하기			
4. 학교에서 봉사활동하기			
5. 지역사회에서 봉사활동하기			
6, 7, 8번은 토의해서 자유롭게 정하시면 됩니다.			
6.			
7.			
8.			

05 학습지 – UCC 제작 역할 분담하기

[UCC 제작] 역할 분담하기

UCC 제작하기	모둠원 이름	완료 예정일	비고
내용 구상하기 (슬라이드, 계획 등)	전체 참여		
자료 검색(인터넷, 문헌) 분야			
미술 (그림이나 사진 등) 분야			
영어 번역(제목, 자막) 분야			
기술(음악, 시각효과, 최종편집) 분야			
기타1 :			
기타2 :			

| 봉사활동 중에 사진이나 동영상을 촬영하면 UCC 제작에 도움이 됩니다.

| 모둠별, 인원별로 역할을 꼭 나누어서 UCC를 제작하시기 바랍니다.

학습지 – 봉사활동 홍보 동영상 제작 계획서

홍보 계획서

봉사활동 홍보 동영상 제작 계획서

초등학교 학년 반 모둠

활동 홍보 UCC 계획서: 내용의 흐름을 그림이나 간단한 문장으로 표현해 봅시다. 넣고 싶은 자막이나 장면을 함께 구상한 후, 완료된 모둠은 선생님께 알려주세요.

< 장면 >	

UCC 제목	
넣고 싶은 자막	
제작진	

학습지 – 봉사활동 홍보 동영상 발표 계획서

홍보 동영상 발표계획서

봉사활동 홍보 동영상 발표 계획서

모둠원 이름	
우리 모둠원이 좋아하는 일	
우리 모둠원이 잘하는 일	
우리 모둠원의 꿈 이야기	
우리 모둠이 실시한 봉사 활동	
UCC 제목	
모둠원 소감	

학습작품 예시 - 실천계획서

1 **봉사활동 개별 계획서**

6학년 4반 이름 양

1. 나의 개인 목표 및 봉사활동 계획

♣ 내가 선택한 (가정 / 학교)에서 할 수 있는 (봉사활동 / 재능기부)
: 재능기부 하기. (요리하기)

♣ 봉사활동으로 이룰 수 있는 나의 개인적인 목표
(예시 : 친구들에게 캐릭터를 그려줌으로써 기쁨을 주고, 친구와 더 친해지기도 하고, 앞으로 만화가로서 나의 꿈에 도움이 되도록 한다.)
: 우리 가족에게 맛있는 요리를 해주고 반응을 알아보고 내가 무엇이 부족한지 알아보고 가족들에게 기쁨주기

2. 봉사활동 실천 내용을 다양하고 구체적으로 적고, 7일 동안 실천해봅시다!

☞기간 : 10 월 1일(월) - 10월 12일(금) [휴일 제외 7일]

월 일	봉사활동 실천 내용	잘한 점	아쉬운 점
10월 1일 (월)	엄마께 계란말이를 만들어 드렸다.	모양이 예쁘고 먹음직스럽게 만들어 짐.	맛이 많이 짜다.
10월 2일 (화)	아빠께 라면을 끓여 드렸다.	계란을 넣어 건강식 라면을 만듦.	완☆벽 ㅎㅎ
10월 4일 (목)	콘 치즈를 만들었다!	먹음직 스러웠다.	치즈가 금방 굳었다.
10월 5일 (금)	가족끼리 오므라이스를 만들었다.	비쥬얼이 좋고 깔끔했다.	완☆벽 ㅎㅎ
10월 10일 (수)	케이크를 만들었다.	모양이 예쁘고 먹기 아깝게 만들어 졌다.	깔끔하게 못만듦.
10월 11일 (목)	아빠께 김치볶음밥을 만들어 드렸다.	맛이 있었고 다치지 않고 재료손질을 잘했다	맛이 싱거웠다..;;
10월 12일 (금)	소떡소떡을 만듦.	맛있었고 재미있었다	맛이 너무 진했다.

(예시)

- 10월 1일, 우리 반에 있는 책을 정리하였다.
- 10월 10일, 3층 변기 문에 3초 동안 물 내리기 포스터를 붙였다.

09 학습작품 예시 – 홍보 동영상 제작 계획서

★★★★모둠원 이름

민 : 출연 – 코치 역할
이 : 편집 – 코치
양 : 촬영 – 코치
특별출연: 장 , 이 / 감 , 변 진/ 권 , 조

▣ 활동 홍보 UCC 계획서 : 내용의 흐름을 그림이나 간단한 문장으로 표현해봅시다. 넣고 싶은 자막이나 장면을 함께 구상한 후, 완료된 모둠은 선생님께 알려주세요.

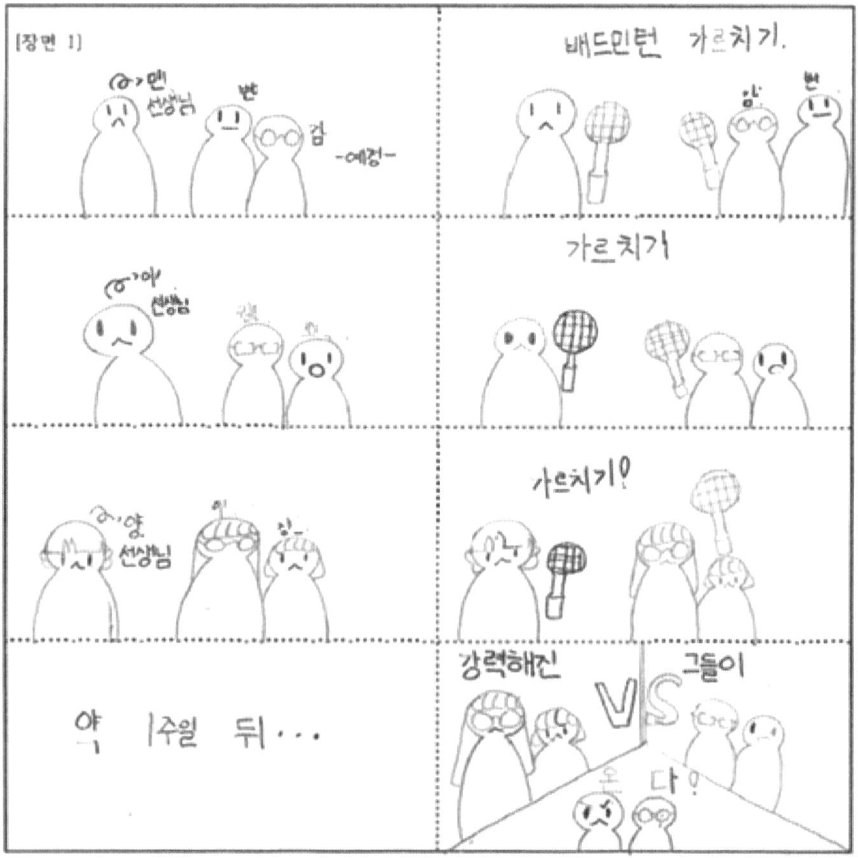

[장면 1]

민 선생님 / 변 / 감 -예정-

배드민턴 가르치기.

이 선생님

가르치기

양 선생님

가르치기!

약 1주일 뒤...

강력해진 VS 그들이 온다!

학습작품 예시 – 홍보 동영상 발표하기

[활동 3] 봉사 활동 홍보 동영상 발표 및 알리기

(봉사 활동 홍보 UCC 발표 계획서)

모둠원 이름	변 , 이 , 이
우리 모둠원이 좋아하는 일	그림 그리기
우리 모둠원이 잘하는 일	그림그리기, 꾸미기
우리 모둠원의 삶의 목적	• 사육사가 되서 동물들을 돌보아 주겠다. • 플로리스트가 되서 꽃으로 사람들에게 회망을 준다 • 웹툰작가가 되서 웃긴 그림으로 사람들에게 즐거움을 주겠다
우리 모둠이 실시한 봉사활동/재능기부	• 친구들에게 귀여운 일러스트 그려주기. 페이스페인팅 해주기. 재밌는 그림을 슬퍼하는 친구에게 주기
UCC 제목	그림이 주는 행복
소감	이 – 내 그림으로 인해 친구들이 기뻐해서 기분이 좋았고 내 그림 실력이 향상되었다. 이 – 귀여운 그림으로 친구들에게 꼴라쥬가 선물을 줘서 뿌듯했고, 그 친구에게 도움을 줬다는 느낌을 받아 기뻤다. 변 – [illegible]

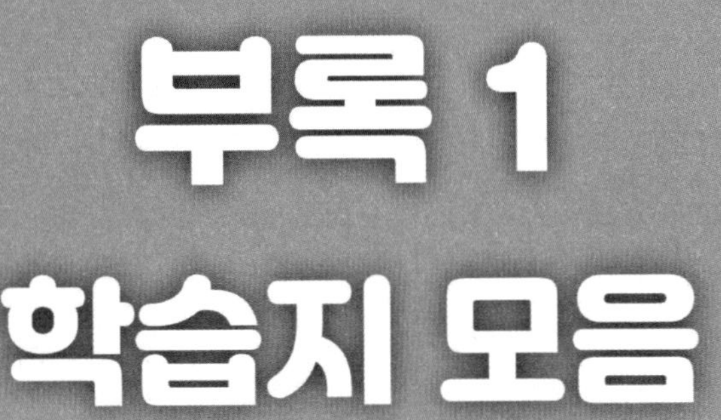

부록 1

학습지 모음

학습지 – 나의 꿈에 대한 하브루타 주사위 놀이 말판

나의 꿈 하브루타 주사위 놀이 말판

주사위 >

말하기 힘들 때는 패스를 외치세요. (패스는 세 번만!)

	1	2	3	4	5
1	1 나의 이름은? 사는 곳은?	2 나의 가족을 소개합니다. (부모님 / 형제자매)	3 아싸! (친구에게 주사위 넘기기)	4 나의 자랑 3가지 (ex 축구를 잘합니다)	5 내가 살면서 제일 재미있었던 일은?
2	6 나의 꿈은? (ex 나의 꿈은 선생님입니다.)	7 지금 내가 제일 하고 싶은 것은? (ex 휴대폰 게임하기)	8 아싸! (친구에게 주사위 넘기기)	9 부모님에게 바라는 것 3가지	10 30년 후에 나의 모습 (ex 나는 30년 후에 의사가 되어서 아픈 사람을 고쳐줄 것이다.)
3	11 제일 친한 친구 한 명을 소개해 주세요 왜 그 친구가 제일 좋은지도 이야기 해주세요	12 내가 친구에게 가장 듣고 싶은 말은? 그 말을 듣고 싶은 이유는?	13 부모님 이외에 나에게 가장 소중한 사람은? 그 이유는?	14 가족과 함께 놀았던 놀이나 게임 중에 기억에 남는 것은?	15 내가 가진 것 중에서 친한 친구에게 줄 수 있는 선물은?
4	16 지금까지 내가 받았던 선물 중에서 가장 소중하게 생각하는 것은? 그 이유는?	17 나에게 꼭 들려주고 싶은 말은? (ex 괜찮아! 너는 잘 할 수 있어)	18 아싸! (친구에게 주사위 넘기기)	19 나의 고민을 가장 잘 상담해 주는 사람은 누구 인가요?	20 부모님이 허락하면 키우고 싶은 동물은?
5	21 내가 가장 행복해 할 때는? (ex 가족과 캠핑가서 즐겁게 ooooo)	22 나의 꿈을 말하고 그 꿈을 응원하는 한마디 (ex oo야 너의 꿈 oo을 이루기를 바래)	23 아싸! (친구에게 주사위 넘기기)	24 내 친구가 고쳤으면 하는 점은? (ex 우리 반 친구나 나의 친구 한 명의 고칠 점을 이야기해도 됩니다)	25 부모님, 선생님, 친구들에게 당신이 감사함을 느꼈던 순간은 언제인가요?

우리반과 친구에 대한 주사위 놀이 말판

주사위 >

말하기 힘들 때는 패스를 외치세요. (패스는 세 번만!)

	1	2	3	4	5
1	1 우리반에서 가장 행복할 때는	2 담임선생님에게 바라는 것 3가지만 꼽는다면?	3 아싸! (친구에게 주사위 넘기기)	4 친구들에게 우리 반 자랑 3가지?	5 우리반에서 제일 재미있었던 것은?
2	6 친구에게 보여줬던 당신의 모습 중 가장 후회되는 것은?	7 담임 선생님 자랑 3가지	8 친구에게 화가 났을때는 언제이고, 어떻게 표현 했나요?	9 친구를 좋아하는 마음은 어떻게 표현하나요?	10 친구가 고쳤으면 하는 점은? (우리반 친구나 나의 친구 한 명의 고칠점을 이야기해도 됩니다)
3	11 30년 후 친구들과 함께하고 싶은 일은?	12 친구들에게 받았던 선물 중에서 가장 소중하게 생각하는 것은? 그 이유는?	13 아싸! (친구에게 주사위 넘기기)	14 우리반에서 가장 좋은 점 3가지는?	15 우리반에서 가장 많이 웃었을 때는 언제인가요?
4	16 친구들 중 당신의 고민을 가장 잘 들어주는 사람은 누구인가요?	17 제일 친한 친구 한 명을 소개해 주세요. 왜 그 친구가 제일 좋은지도 이야기해 주세요	18 친구들이 당신에게 한 말 중 가장 상처가 되는 말은?	19 친구들에게 가장 듣고 싶은 말은? 그 말을 듣고 싶은 이유는?	20 친구들과 함께 놀았던 놀이나 게임 중에 기억에 남는 것은?

03 학습지 – 나에 대한 마인드 맵

나

비주얼 싱킹(Visual Thinking)으로

표현하기

궁정교육연구회
https://cafe.naver.com/positivepsychology

얼굴 표정과 감정 단어

	기분 좋은 만족하는		자신 있는 당당한		토라진 기분 나쁜
	편안한 평화로운		부끄러운		화난 짜증나는
	반가운 행복한		두려운 긴장한		외로운 우울한
	환호하는 기쁜		놀란		반항하는
	좋아하는 사랑에 빠진		곤란한 당황한		실망한 낙담한
	감동한 기대하는		지친 피곤한		슬픈

간단하게 그리는 사람의 몸

말풍선

- 대화 -

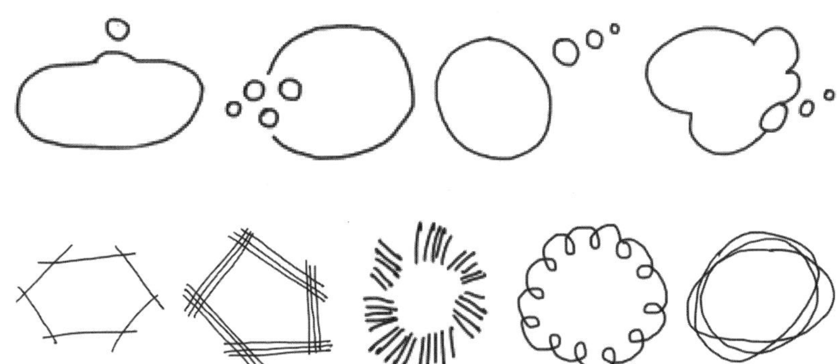

- 생각 -

감정에 따른 표정과 동작

고민하는 / 생각하는

자랑하는 / 우쭐하는

감동받은 / 황홀한

우울한 / 걱정하는

당황한 / 안절부절 못하는

응원하는 / 격려하는

신나는 / 기뻐하는

궁금한 / 이상한

슬픈 / 억울한

사랑에 빠진

다양한 행동

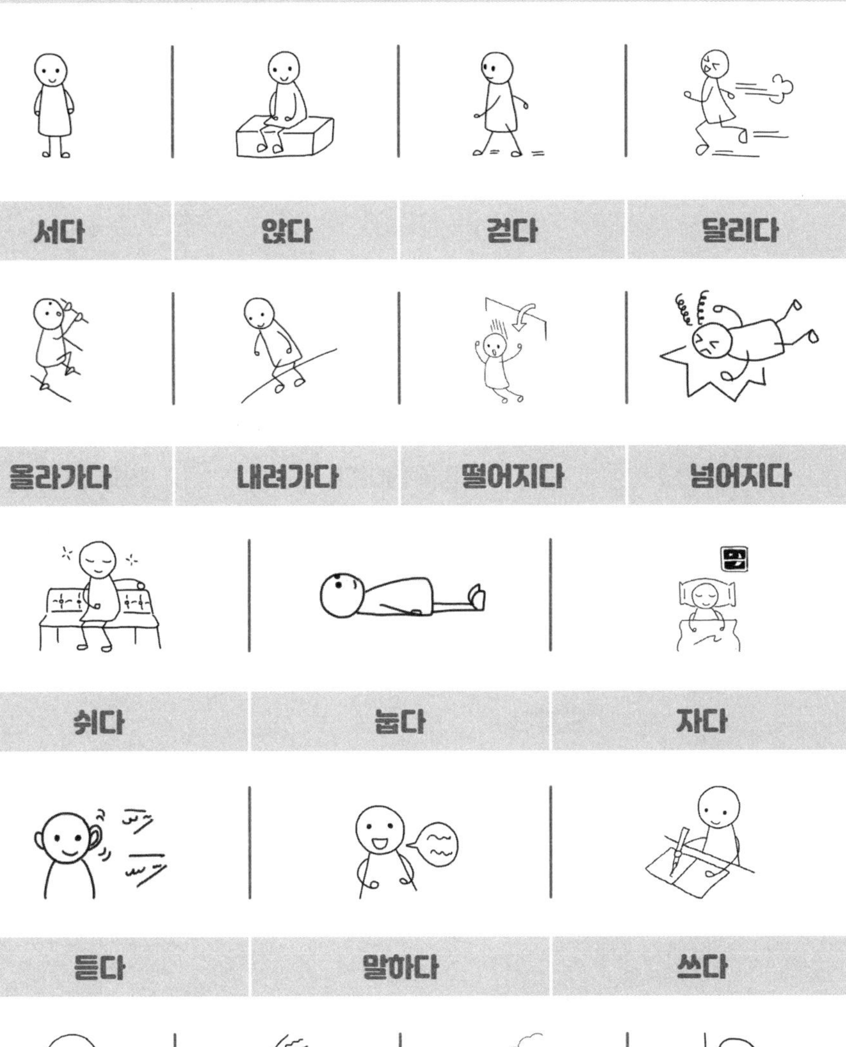

읽다 | 보다 | 훔쳐보다

다양한 행동

공부하다 | 책 읽다

다양한 행동

등교하다

인사하다

수업하다

발표하다

토론하다

대화하다

귓속말하다

박수치다

협동하다

실험하다

관찰하다

그림 그리다

만들다

악기연주하다

피아노 치다

노래하다

다양한 행동

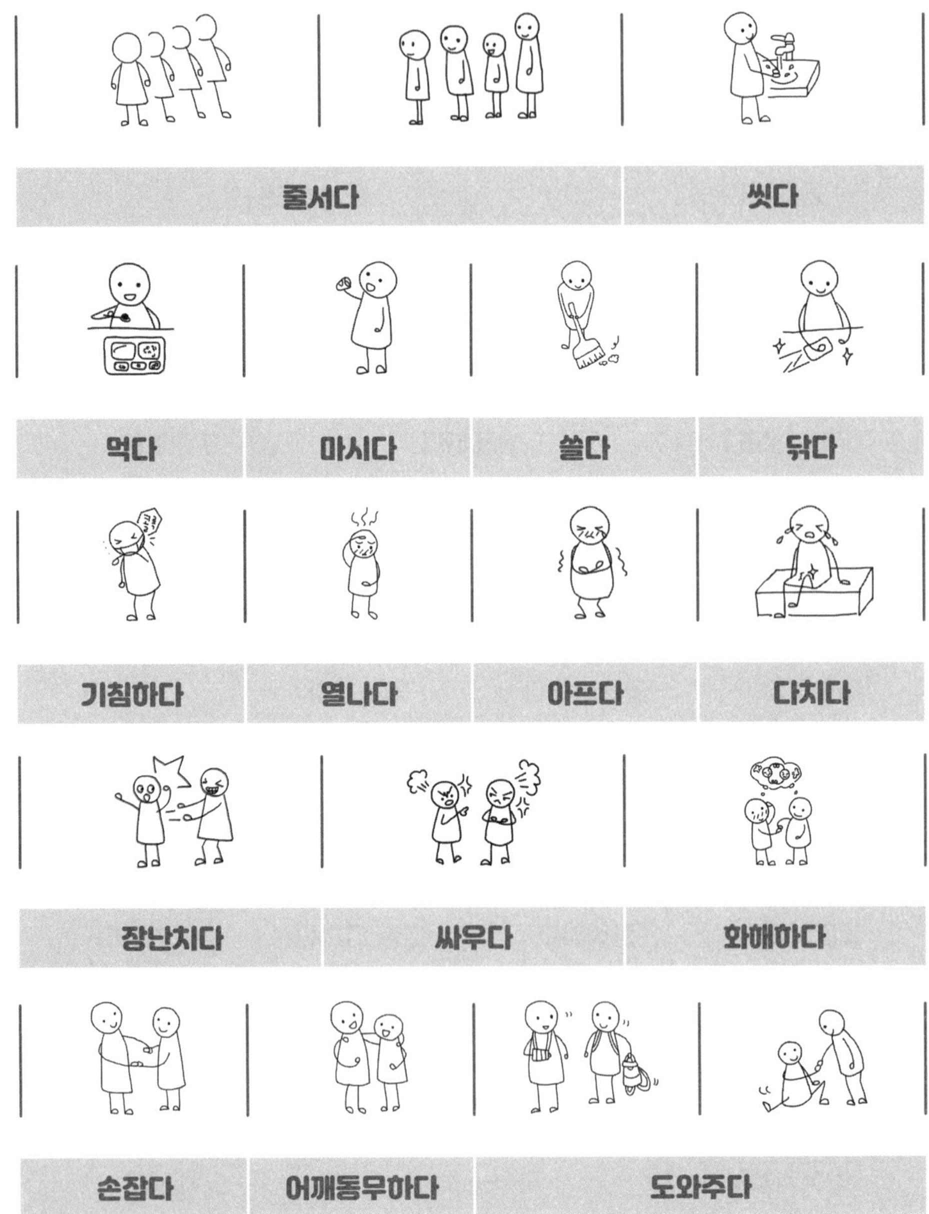

줄서다
씻다
먹다
마시다
쓸다
닦다
기침하다
열나다
아프다
다치다
장난치다
싸우다
화해하다
손잡다
어깨동무하다
도와주다

05 학습지 – 강점 카드

강점카드

강점카드로 표현해 보세요.

1	창의적이다.	13	리더십이 많다.
2	호기심이 많다.	14	공동체 의식 (나보다 전체를 위한다.)
3	판단력이 뛰어나다.	15	용서를 잘한다.
4	예상(예견)을 잘한다.	16	겸손하다.
5	진실(진정성)하다.	17	신중하다.
6	용감(용맹)하다.	18	자기 통제력이 강하다. (하고 싶은 것을 잘 참는다.)
7	끈기가 있다.	19	감상을 잘한다. (평소에 아름다움을 추구한다.)
8	열정(의욕)이 많다.	20	감사하는 마음을 갖는다.
9	친절하다.	21	희망의 마음을 갖고 있다. (긍정적으로 생각하고 미래를 계획한다.)
10	사랑스럽다.	22	유머를 갖고 있다.
11	사회성이 뛰어나다.	23	영성의 마음을 갖고 있다. (삶의 목적과 책임감이 뚜렷하다.)
12	공정하다.	24	학구열이 있다. (새로운 것을 배울 때 기쁘다.)

강점카드
창의적이다
강점카드
호기심이 많다
강점카드
판단력이
뛰어나다
강점카드
예상(예견)을 잘한다
강점카드
진실(진정성)하다
강점카드
용감(용맹)하다
강점카드
끈기가 있다
강점카드
열정(의욕)이 많다
강점카드
친절하다
강점카드
사랑스럽다
강점카드
사회성이 뛰어나다
강점카드
공정하다
강점카드
리더십이 많다
강점카드
공동체 의식
(나보다 전체를 위한다)
강점카드
용서를 잘한다
강점카드
겸손하다
강점카드
신중하다
강점카드
자기 통제력이 강하다
(하고 싶은 것을 잘 참는다)
강점카드
감상을 잘한다
(평소에 아름다움을 추구한다)
강점카드
감사하는
마음을 갖는다
강점카드
희망의 마음을 갖고 있다
(긍정적으로 생각하고 미래를 계획한다)
강점카드
유머를 갖고 있다
강점카드
영성의 마음을 갖고 있다
(삶의 목적과 책임감이 뚜렷하다.)
강점카드
학구열이 있다
(새로운 것을 배울 때 기쁘다)

06 학습지 – 맛있는 우정 음식 만들기

맛있는 우정 음식 만들기

우정 음식에 들어갈 친구의 강점을 강점 카드에서 찾아 적어 보세요.

모둠 우정 음식 만들기

초등학교 학년 반 모둠

가 함께 만든

우정 음식의 재료

☐ ☐ ☐ ☐ ☐ ☐ ☐

그 이유는

느림보 구슬 시간 재기

느림보 구슬 시간 재기

참여하는 모두가 즐거운 느림보 구슬 하기

1. 느림보 구슬 놀이는 모둠 간 경쟁이 아닙니다.
2. 다른 모둠과 시간을 비교하지 마세요.
3. 자기 모둠의 기록만을 점차 느리게 하면 됩니다.
4. 우리 모둠의 느림보 구슬 1차시기에 30초에 내려갔다면 2차와 3차 시기에는 30초보다 오래 걸리도록 만들면 성공입니다.
5. 시간은 모둠에서 핸드폰 스톱워치로 기록을 잽니다. 구슬이 손에서 떠나서 스티로폼 끝에 도달할 때 까지를 정확히 재어서 기록합니다

참여 모둠원 이름	1차 시기 기록	2차 시기 기록	3차 시기 기록

장점양동이를 채워라!

초등학교 학년 반 모둠

( )의 장점 양동이

나의 장점은

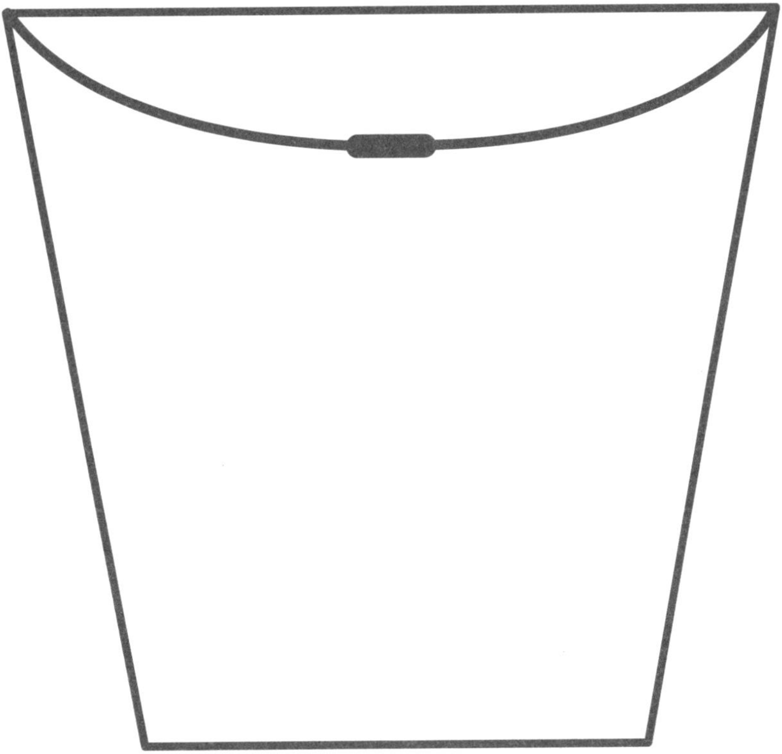

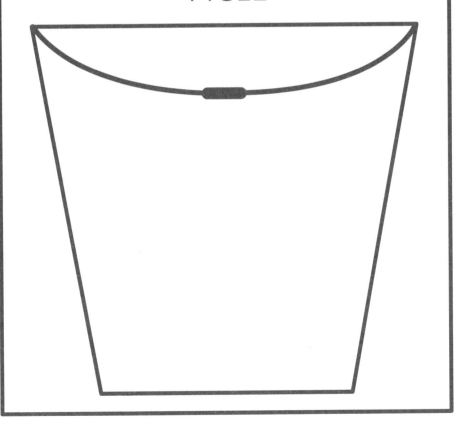

학습지 – 난 내가 좋아!

난 내가 좋아!

나는 (______________________________) 내가 좋아!!

나는 (______________________________) 내가 좋아!!

나는 (______________________________) 내가 좋아!!

나는 (______________________________) 내가 좋아!!

나는 (______________________________) 내가 좋아!!

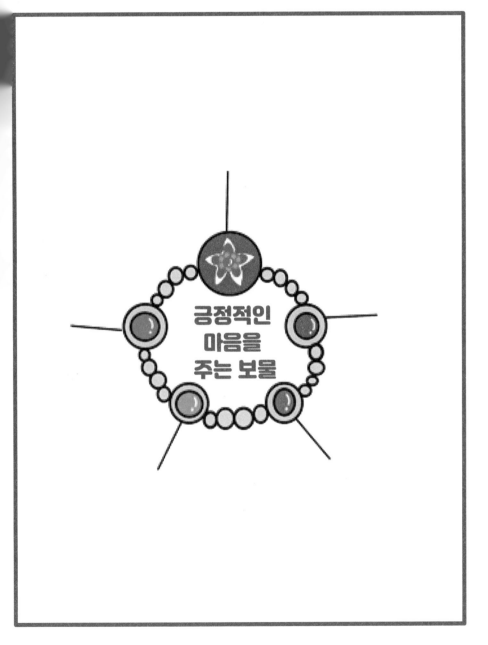

10 학습지 - 긍정적인 마음을 주는 보물 찾기

긍정적인
마음을
주는 보물

학습지 – 행복 구슬 비즈 만들기

행복 구슬 비즈 설명하는 글쓰기

행복팔찌를 만든 후에 나의 행복 구슬 비즈에 대해서 설명하는 글을 적어 봅니다.

눈물의 종이

초등학교 학년 반 모둠

자신의 고민, 힘든 일을 생각하여 눈물의 종이에 써 주세요.

슬픔, 화, 눈물을 없애는 나만의 방법

초등학교 학년 반 모둠

나는 슬플 때, 화가 날 때, 눈물이 날 때 이렇게 합니다.

1. ______________________________

2. ______________________________

3. ______________________________

4. ______________________________

5. ______________________________

학습지 - 용서의 편지

용서의 편지

초등학교 학년 반 모둠

15 학습지 – 나 이런 사람이야

초등학교　　학년　　반　　모둠

내가 특히 잘 할 수 있는 일이나 행동

내가 좋아하는 일이나 행동

내가 하고 싶은 일이나 행동

16 학습지 – 나의 강점 찾기

초등학교 학년 반 모둠

나의 강점 찾기

질문의 내용이 여러분에게 조금 해당될수록 1점 쪽에, 많이 해당될수록 5점 쪽에 O 표시를 하고, 두 문제씩 점수의 합계를 총점 칸에 적으면 됩니다.

질문	점수					총점	강점	미덕
1. 새로운 방법 찾기를 좋아한다.	1	2	3	4	5			
2. 상상력이 뛰어나다.	1	2	3	4	5			
3. 세상에 호기심이 많다.	1	2	3	4	5			
4. 쉽게 싫증을 내지 않는다.	1	2	3	4	5			
5. 감정에 치우치지 않고 객관적으로 판단할 수 있다.	1	2	3	4	5			
6. 성급하게 판단하지 않는다.	1	2	3	4	5			
7. 새로운 것을 배울 때 기쁘다.	1	2	3	4	5			
8. 학교 외에 도서관이나 박물관과 같은 교육적 장소에 자주 간다.	1	2	3	4	5			
9. 어떤 일을 전체적으로 파악할 줄 안다.	1	2	3	4	5			
10. 나에게 조언을 구하러 오는 친구가 많다.	1	2	3	4	5			
11. 약속을 지킨다.	1	2	3	4	5			
12. 친구들이 나에게 솔직하게 말한다.	1	2	3	4	5			
13. 강력한 반대에도 내 주장을 지킬 때가 많다.	1	2	3	4	5			
14. 고통이 있더라도 의지를 굽히지 않는다.	1	2	3	4	5			
15. 한번 시작한 일은 끝까지 해낸다.	1	2	3	4	5			
16. 공부할 때 딴 짓을 하지 않는다.	1	2	3	4	5			
17. 어떤 일을 하든 온 힘을 다 기울인다.	1	2	3	4	5			
18. 하는 일마다 의욕이 많다.	1	2	3	4	5			
19. 다른 사람을 잘 도와준다.	1	2	3	4	5			
20. 다른 사람들의 기쁜 일을 내 일처럼 즐거워한다.	1	2	3	4	5			

질문	점수					총점	강점	미덕
21. 내 주변에는 나의 행복에 관심을 가져주는 사람들이 있다.	1	2	3	4	5			
22. 다른 사람이 베푸는 사랑을 즐겁게 받아들인다.	1	2	3	4	5			
23. 어떤 단체에 가도 잘 적응한다.	1	2	3	4	5			
24. 다른 사람의 감정을 잘 이해한다.	1	2	3	4	5			
25. 누구에게든 똑같이 대한다.	1	2	3	4	5			
26. 싫어하는 사람도 공정하게 대한다.	1	2	3	4	5			
27. 사람들이 마음을 모을 수 있도록 이끈다.	1	2	3	4	5			
28. 친구 집단을 만들고 이끄는데 소질이 있다.	1	2	3	4	5			
29. 어떤 단체에 가입하면 최선을 다한다.	1	2	3	4	5			
30. 집단의 이익을 위해 나의 이익을 포기할 수 있다.	1	2	3	4	5			
31. 다른 사람이 저지른 과거의 잘못을 일부러 다시 얘기 하지 않는다.	1	2	3	4	5			
32. 복수하려고 하지 않는다.	1	2	3	4	5			
33. 다른 사람들이 나를 칭찬하면 이야기의 주제를 다른 것으로 바꾼다.	1	2	3	4	5			
34. 내가 잘한 일을 스스로 추켜세우지 않는다.	1	2	3	4	5			
35. 다칠 위험이 있는 일은 하지 않는다.	1	2	3	4	5			
36. 나쁜 친구는 사귀지 않는다.	1	2	3	4	5			
37. 내 마음의 감정을 조절할 줄 안다.	1	2	3	4	5			
38. 중요한 일을 해야 할 때 당장 하고 싶은 것(음식, 게임)을 참을 수 있다.	1	2	3	4	5			
39. 음악, 미술, 연극, 영화, 스포츠, 과학, 수학에서 아름다움을 자주 느낀다.	1	2	3	4	5			
40. 평소에 아름다움을 추구하며 산다.	1	2	3	4	5			
41. 작은 일이라도 고맙다고 말한다.	1	2	3	4	5			
42. 내가 받은 은혜에 대해 생각한다.	1	2	3	4	5			
43. 긍정적으로 생각한다.	1	2	3	4	5			
44. 하고 싶은 일을 실천하기 위해 철저하게 계획한다.	1	2	3	4	5			
45. 공부도 놀이처럼 즐겁게 하려고 한다.	1	2	3	4	5			
46. 남을 웃기게 하는 말을 자주 한다.	1	2	3	4	5			
47. 삶의 목적이 뚜렷하다.	1	2	3	4	5			
48. 맡은 일을 해내려는 책임감이 있다.	1	2	3	4	5			

1. 검사지로 대표 강점 찾기

1) 강점 검사지를 해결합니다.
2) 뒷장에 있는 강점 카드를 봅니다.
3) 검사지 1-48번은 2문항씩 순서대로 강점 카드 1-24에 해당합니다.
   예) 검사지 1-2번은 강점 카드 1의 창의성, 3-4번은 강점 카드 2의 호기심입니다.
4) 강점 검사지의 총점이 높은 5가지가 여러분의 대표 강점입니다.
5) 대표 강점 5가지 중에서 한가지를 찾아서 〈보기〉와 같이 적어 보세요.

〈 보기 〉
저의 대표 강점은 유머 입니다.
저는 친구들을 웃길 때 가장 즐겁고, 의욕이 넘치고, 행복합니다.

저의 대표 강점은 ____________________ 입니다.

저는 ____________________ 때 가장 즐겁고, 의욕이 넘치고, 행복합니다.

2. 여러분의 대표 강점을 활용할 수 있는 방법이 무엇인지 두 가지만 적어 봅시다.

1. ____

2. ____

17 학습지 – 강점 카드

강점카드

강점카드로 표현해 보세요.

번호	강점	번호	강점
1	창의적이다.	13	리더십이 많다.
2	호기심이 많다.	14	공동체 의식 (나보다 전체를 위한다.)
3	판단력이 뛰어나다.	15	용서를 잘한다.
4	예상(예견)을 잘한다.	16	겸손하다.
5	진실(진정성)하다.	17	신중하다.
6	용감(용맹)하다.	18	자기 통제력이 강하다. (하고 싶은 것을 잘 참는다.)
7	끈기가 있다.	19	감상을 잘한다. (평소에 아름다움을 추구한다.)
8	열정(의욕)이 많다.	20	감사하는 마음을 갖는다.
9	친절하다.	21	희망의 마음을 갖고 있다. (긍정적으로 생각하고 미래를 계획한다.)
10	사랑스럽다.	22	유머를 갖고 있다.
11	사회성이 뛰어나다.	23	영성의 마음을 갖고 있다. (삶의 목적과 책임감이 뚜렷하다.)
12	공정하다.	24	학구열이 있다. (새로운 것을 배울 때 기쁘다.)

학습지 – 미래와 꿈 격려하기

초등학교 학년 반 모둠

( )의 대표 강점은 ( )입니다.

1. 자신의 강점을 바탕으로 자신의 미래 또는 꿈을 적습니다.
2. 친구의 미래 또는 꿈을 격려하는 글을 써 봅시다.

학습지 – 내 삶의 목표를 찾아서

· 자신이 잘하는 일과 일하면서 즐거움을 느끼는 것을 포스트잇에 한 장당 하나씩 생각나는 대로 자유롭게 씁니다.

· 친구에게 잘하는 일을 이야기해 주는 것도 좋아요.

· 친구가 이야기해 준 것은 스스로 판단해서 적습니다.

일하면서 즐거움을 느끼는 것

잘하는 것

세상을 더 좋게 만드는 것

20 학습지 - 미래의 '나'의 모습을 한 문장으로 만들기

아래의 예를 참고하여 미래의 '나'의 모습을 한 문장으로 설명해 봅시다.

- 의사로서 국경없는 의사회의 일원으로 활동하고 있는 모습
- 많은 학생 앞에서 열정적으로 강의를 하는 모습
- 쓸쓸하게 사시는 노인을 찾아가서 정성스럽게 목욕을 시켜드리는 모습
- 아름다운 노래로 많은 사람에게 감동을 주는 모습
- 오염으로 인해 죽어가는 야생 동물들을 보살피고 있는 모습
- 평범하게 살면서 한두 명의 소년 소녀 가장을 후원하는 모습
- 어려운 사람들의 입장을 변호해 주는 인권 변호사의 모습
- 노숙자와 실직자들에게 점심을 나누어주고 있는 모습
- 병원에서 환자들을 돌보며 그들을 위해 간호하고 있는 모습
- 농장을 돌아보며 식물들과 동물들을 보살피고 있는 모습
- 한국을 모르는 사람들에게 한국의 문화와 역사를 알려주고 있는 모습
- 상처받고 힘들어하는 사람들의 이야기를 들어주고 손을 잡아주는 모습
- 세상에 큰 변화를 가져올 기술을 연구하는 모습
- 온 힘을 다해 악기를 연주한 후, 청중들의 박수에 답례하고 있는 모습
- 회의실에서 다양한 사람들과 토론하고, 지시사항을 말해주는 모습

1. ______________________________

2. ______________________________

3. ______________________________

21 학습지 – 나의 목표를 친구와 이야기하기

나의 목표를 친구랑 이야기 하기

나의 목표를 다시 써 보고 그 목표를 이루는 방법을 짝과 이야기해 보기.

초등학교 학년 반 모둠

나의 목표를 이루기 위해
지금 내가 할 수 있는 것은?

1.

2.

1~2가지를 쓰세요.

나의 목표를 이루기 위해
내가 가져야 할 강점은?

1.

2.

3.

2~3가지를 쓰세요.

나의 목표 또는 미래

친구가 목표를 이루기 위해
필요한 강점 3가지 선물하기

1.

2.

3.

친구에게 격려의 말 적기

22 학습지 – 나만의 개인 목표 꿈 JAM 병 만들기

나만의 개인 목표 꿈 JAM 병 만들기

1. 병 모양(JAM)의 밑그림을 준비하기
2. 병 모양의 밑그림에 OHP 필름을 대고 그린 다음 오리기
3. 색지에 OHP 필름으로 병 모양 본뜬 것을 대고 오리기
4. 밑에 색지를 두고 병 모양 OHP 필름으로 덮기
5. 나의 강점이나 긍정적 말을 JAM 병에 넣기
6. 나에게 더 필요한 강점이나 친구에게 도움이 되는 강점을 선물하기
   - 강점만이 아니라 친구에게 주고 싶은 좋은 감정과 긍정적 말을 담아도 됩니다.
   - 활동지의 강점 카드를 참조하여 친구에게 선물하여도 됩니다.

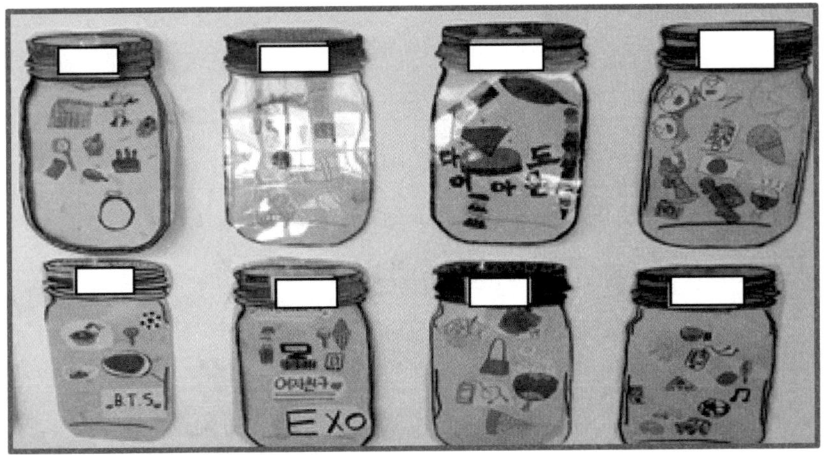

강점이나 긍정적 말을 친구에게 선물하여도 무방합니다.

23 학습지 - 그릿 검사지

(　　　　　)의 그릿 지수 검사 하기

내용					
1. 나는 새로운 아이디어와 프로젝트 때문에 기존의 것에 소홀해진 적이 있다.	1	2	3	4	5
2. 나는 실패해도 실망하지 않는다. 나는 쉽게 포기하지 않는다.	1	2	3	4	5
3. 나는 한 가지 목표를 세워놓고 다른 목표를 추구한 적이 종종 있다.	1	2	3	4	5
4. 나는 노력가이다.	1	2	3	4	5
5. 나는 몇 개월 이상 걸리는 일에 계속 집중하기 힘들다.	1	2	3	4	5
6. 나는 뭐든 시작한 일은 반드시 끝낸다.	1	2	3	4	5
7. 나의 관심사는 해마다 바뀐다.	1	2	3	4	5
8. 나는 성실하다. 나는 결코 포기하지 않는다.	1	2	3	4	5
9. 나는 어떤 아이디어나 프로젝트에 잠시 사로잡혔다가 얼마 후에 관심을 잃은 적이 있다.	1	2	3	4	5
10. 나는 좌절을 딛고 중요한 도전에 성공한 적이 있다.	1	2	3	4	5
홀수 영역 합계(열정)					
짝수 영역 합계(끈기)					
총 합계(그릿)					

해당 점수에 0를 하세요

홀수(1,3,5,7,9)영역의 점수를 합산해 주시고, 짝수(2.4.6.8.10) 영역의 점수를 합산해 적어 주세요. 마지막으로 총 합계를 적어 주세요.

24 학습지 - 그릿 점수

백분위와 그릿 점수 관계

내용	내용
10%	2.5
20%	3.0
30%	3.3
40%	3.5
50%	3.8
60%	3.9
70%	4.1
80%	4.3
90%	4.5
95%	4.7
99%	4.9

학습지 – 한 달 동안 내가 할 일 계획표

한 달 동안 내가 실천할 일 계획표

상위 목표								
	매주 할 일 내용	실천 확인						
한 달 동안 할 일 예시	매주 책 한 권씩 읽기 및 학급 도서 정리	월	화	수	목	금	토	일
할 일 1								
할 일 2								
할 일 3								
할 일 4								
할 일 5								

26 학습지 – 봉사활동 다짐서(개인별)

초등학교　　학년　　반　　모둠

1. 나의 개인 목표 및 봉사 활동 계획

내가 선택한 (가정 / 학교)에서 할 수 있는 (봉사 활동)

봉사 활동으로 이룰 수 있는 나의 개인적인 목표

(예시 : 친구들에게 캐릭터를 그려줌으로써 기쁨을 주고, 친구와 더 친해지기도 하고, 앞으로 만화가로서 나의 꿈에 도움이 되도록 한다.)

2. 봉사 활동 실천 내용을 다양하고 구체적으로 적고, 7일 동안 실천해 봅시다!

기간 :　　월　　일(　) ~ 월　　일(　) [휴일 제외 7일]

월　일	봉사 활동 실천 내용	잘한 점	아쉬운 점
월　　일 ( )			
월　　일 ( )			
월　　일 ( )			

(예시)
- 10월 1일, 우리 반에 있는 책을 정리하였다.
- 10월 10일, 3층 변기 문에 3초 동안 물 내리기 포스터를 붙였다.

27 학습지 – 봉사활동 홍보 역할 정하기

초등학교 학년 반 모둠

[UCC 제작] 모둠별로 할 봉사활동과 홍보 영상의 형식을 선택하여 해당하는 칸에 O 표를 하세요.

1명, 2~3명이 함께 하셔도 됩니다. 모둠원 최대 4명으로 제한하겠습니다.

봉사활동 및 봉사 홍보 영상의 형식	내 생각	모둠 득표수	선택 (O, X)
1. 가정에서 봉사하기			
2. 마니또 게임하기			
3. 학급에서 봉사활동하기			
4. 학교에서 봉사활동하기			
5. 지역사회에서 봉사활동하기			

6, 7, 8번은 토의해서 자유롭게 정하시면 됩니다.			
6.			
7.			
8.			

학습지 - ucc 제작 역할 분담하기

[UCC 제작] 역할 분담하기

UCC 제작하기	모둠원 이름	완료 예정일	비고
내용 구상하기 (슬라이드, 계획 등)	전체 참여		
자료 검색(인터넷, 문헌) 분야			
미술 (그림이나 사진 등) 분야			
영어 번역(제목, 자막) 분야			
기술(음악, 시각효과, 최종편집) 분야			
기타1 :			
기타2 :			

| 봉사활동 중에 사진이나 동영상을 촬영하면 UCC 제작에 도움이 됩니다.

| 모둠별, 인원별로 역할을 꼭 나누어서 UCC를 제작하시기 바랍니다.

학습지 – 봉사활동 홍보 역할 정하기

홍보 계획서

봉사활동 홍보 동영상 제작 계획서

<table>
<tr><td colspan="2">초등학교 학년 반 모둠</td></tr>
<tr><td colspan="2">활동 홍보 UCC 계획서: 내용의 흐름을 그림이나 간단한 문장으로 표현해 봅시다. 넣고 싶은 자막이나 장면을 함께 구상한 후, 완료된 모둠은 선생님께 알려주세요.</td></tr>
<tr><td>< 장면 ></td><td></td></tr>
<tr><td></td><td></td></tr>
<tr><td></td><td></td></tr>
<tr><td></td><td></td></tr>
<tr><td colspan="2"></td></tr>
</table>

<table>
<tr><td>UCC 제목</td><td></td></tr>
<tr><td rowspan="4">넣고 싶은 자막</td><td></td></tr>
<tr><td></td></tr>
<tr><td></td></tr>
<tr><td></td></tr>
<tr><td>제작진</td><td></td></tr>
</table>

학습지 – 봉사활동 홍보 동영상 발표 계획서

홍보 동영상 발표계획서

봉사활동 홍보 동영상 발표 계획서

모둠원 이름	
우리 모둠원이 좋아하는 일	
우리 모둠원이 잘하는 일	
우리 모둠원의 꿈 이야기	
우리 모둠이 실시한 봉사 활동	
UCC 제목	
모둠원 소감	

부록 2

김광수 수석교사 교육수필

선생님의 험한 길을 떠나는 그대에게

'선생님의 험한 길을 떠나는 그대에게'는 김광수 수석선생님이 전국 교육대학교 좋은 수업 탐구대회의 수업 컨설팅으로 만났다가 이제는 경기도 초등학교 선생님이 되신 김보은 선생님과 이하연 선생님에게 쓴 글과 2014년에 동호 초등학교 학생이었다가 이제는 강원도 초등학교 선생님이 되신 이승원 선생님, 권예지 선생님, 박은미 선생님들에게 드리는 글들을 선별하여 모았다.

김광수 수석선생님의 교육수필은 김광수 수석선생님의 개인적인 교육적 견해를 쓴 것이고, 교육경험이 많은 선생님들을 위해 쓴 것이 아니라 이제 막 초등학교 선생님이 된 다섯 분의 제자 선생님들에게 조금이나마 도움이 될까 하는 마음으로 쓴 글이다.

여기에 쓴 대부분의 글들은 김광수 수석선생님이 제자 선생님들이 교육적으로 고민하는 문제에 대한 대답들을 적어 놓은 것들이다. 너무나 당연한 이야기지만 교육수필에 나오는 김광수 수석선생님만의 교육적 처방법이 모든 문제를 해결하는 절대 보검이 될 수는 없다. 그럼에도 불구하고 저경력 교사들의 수업을 수없이 컨설팅한 수석선생님으로서의 경험을 교육수필에 적었다.

글을 쓴 사람으로서 제자 선생님과 저경력 선생님들이 꼭 읽었으면 하는 내용은 '선생님을 당황하게 하는 천천히 가는 아이들을 위해서'이다. 이 글은 학급 운영 중에 선생님을 당황하게 하는 아이들은 선생님에게 무엇을 말하고 있으며, 그들을 어떻게 교육하는 것이 올바른 방법인가를 생각하게 하는 글이다.

마지막으로 나의 글을 읽고 나의 제자 선생님들이 그들의 제자들과 아름다운 교육 동행을 하는데 조금이나 도움이 되기를 간절하게 바란다.

초등학교 선생님의 험난한 길에 들어선 그대들에게

수업 컨설팅과 개인적인 모임에서 저경력 선생님들에게 가장 많이 들었던 고민은 학생들이 수업 준비를 하지 않고 계속 떠든다는 것이다. 모둠별로 스티커를 주어도 보고, 큰소리치기도 하고, 학생들을 개인적으로 혼내기도 했지만 학생들 스스로 수업을 준비하도록 하는 방법이 힘들다는 것이다.

또 다른 고민은 수업 시간에 학생들이 계속 이야기한다는 것이다. 학생들이 이야기하는 것은 나무랄 것이 아니다. 그러나 수업과 상관없는 질문을 하고, 수업에 집중하지 않고 친구들과 계속해서 이야기하는 것은 교육적인 처방이 필요하다.

1. 수업 준비를 하지 않는 학생들을 위한 처방전

많은 저경력 선생님들의 수업을 참관하면서 가장 아쉬웠던 것은 학생들이 수업을 준비하는 시간이 대략 5-10분가량 걸렸다는 것이다. 이와 같은 현상이 한 선생님의 개인적 경험이 아니라 많은 저경력 선생님들의 수업 모습이라는 것이다. 학생들이 해당 수업을 준비하는 것은 수업의 기본이다. 그러나 내가 수업 컨설팅을 하였던 저경력 선생님들의 70~80%에게서 수업 준비가 원활하지 않음을 발견할 수 있었다.

선생님이 수업 준비를 하는 방법은 다양할 것이다. 여기서는 저경력 선생님들이 큰 노력 없이 학생들 스스로 수업을 준비하도록 만드는 방법을 경험에 비추어 써 보도록 하겠다.

수업이 시작되면 나는 학생들에게 아무 말도 하지 않는다. 수업하기 전에 듣는 노래나 체조 동영상을 틀고 수업을 시작한다. 학생들은 노래나 체조 동영상이 나오게 되면 수업이 시작된 것을 알고, 해당 과목의 책과 준비물을 준비한다. 노래나 체조 동영상이 나오는데 떠드는 학생이 있다면, 조용히 그 학생에게 다가가서 제대로 앉고 수업 준비를 할 수 있도록 부탁한다.

수업 전에 자리에 앉게 하는 노래나 동영상은 인디스쿨이나 아이스크림 사이트에서 쉽게 구할 수 있다. 내가 주로 이용하는 것은 선생님들이 흔히 사용하는 플래시 노래방이다. 플래시 노래방은 많은 선생님들이 공유하고 있으므로 쉽게 구할 수 있을 것이다. 이 노래를 틀면, 아이들이 조용히 할까 고민하는 선생님들도 계시겠지만 그런 의심을 버리기 바란다. 수업 시작을 알리는 노래와 동영상을 틀기만 하면, 학생들이 스스로 자리에 앉아서 수업을 준비하는 모습을 볼 수 있을 것이다.

이와 같은 방식을 사용했던 많은 선생님들이 이제는 수업 준비가 수월해졌다고 이야기한다. 수업 전에 노래나 동영상을 트는 것을 통해 학생들이 수업 준비를 잘한다면, 이제는 선생님이 학생들에게 그 역할을 넘겨주는 더 높은 수준의 단계로 나아가면 된다. 선생님이 없어도 학생들 스스로 수업 준비를 할 수 있게 하는 방법이다. 1교시 시작, 중간놀이 시간 후, 점심시간 후 시작 시간에는 각 수업 부장을 임명하여, 그 수업 부장이 체조와 노래를 틀고, 학생들 스스로 해당 시간의 수업 준비를 하면 좋을 것이다.

수업을 준비하지 않는 학생들을 위한 처방전은 첫째, 수업 전에 무조건 학생들이 따라할 수 있는 노래나 체조 동영상을 틀어 주어라. 둘째, 선생님이 트는 동영상에 학생들이 수업 준비를 잘한다면 이제는 각 시간 부장을 임명하여 그 권한을 학생에게 주어서 학생들 스스로 수업을 준비하게 하라.

2. 수업에 집중하지 않는 학생들을 위한 처방전

앞에서도 말했지만 저경력 선생님들의 가장 큰 고민 중에 하나가 학생들이 수업 준비를 하지 않는 것뿐만 아니라 수업에 집중하지 않고 계속 이야기하는 것이다. 수업 내용에 집중하지 않고 엉뚱한 질문을 하거나 친구들과 이야기하는 학생을 수업에서 발견하는 것은 너무 쉬운 일이다. 선생님은 수업 내용 이외의 것에 집중하는 학생들의 수업 방해 때문에 밀도 있게 수업을 진행할 수 없게 된다. 수업 내용 이외의 것으로 이야기하는 학생들에 대한 처방전을 내리는 일은 쉽지 않다. 왜냐하면 각 반마다 사정이 다르고 담임 선생님의 역량이 모두 다르기 때문이다. 처방전을 내리기 힘든 점을 감안하더라도 내가 컨설팅한 저경력 선생님들의 학급에서 사용한 아주 기초적인 방법을 수업 처방전으로 제시하겠다.

나는 모든 수업을 하기 전에는 꼭 실시하는 두 가지가 있다. 제일 먼저 하는 것은 학생들이 수업을 준비하도록 하기 위해 체조나 노래 동영상을 트는 것이다. 두 번째는 학생들이 수업 시간에 지켜야 할 규칙을 학생들과 같이 읽는 것이다.

〈 수업 준비를 위해 부르는 노래 〉

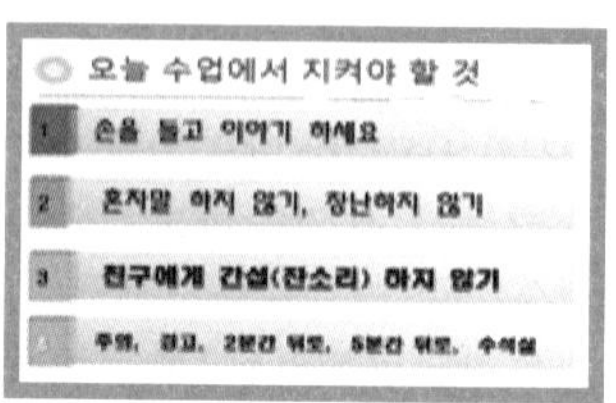

〈 수업에서 지켜야 할 규칙 같이 읽기 〉

수업에서 지켜야 할 규칙을 처음에는 선생님이 정해서 실시하고, 학급 회의를 통해서 우리반 수업에서 지켜야 할 규칙을 학생들 스스로 만들어서 지킨다면 좋을 것이다. 학급 회의를 통한 민주적 규칙 만들기를 일회성으로 끝낸다면, 그 교육적 효과를 기대하기 힘들 것이다. 매주 학급 회의를 통해서 우리반의 문제점을 이야기하고, 그 문제를 해결하는 방법을 학생들과 토의하는 학급 분위기를 조성한다면 더 좋은 교육적 효과를 거둘 수 있을 것이다.

수업에 집중하지 않는 학생들을 위한 두 번째 처방전은 수업 시간에 선생님들의 질문 방법에 대해서 다시 한번 성찰해 보는 것이다. 내가 보았던 대부분의 저경력 선생님들은 어떤 질문을 하면 학생들이 흥미를 느낄 수 있는지를 많은 시간 고민하고 연구한다. 그래서 학생들에게 수업에 관한 좋은 질문을 하지만 선생님의 노력만큼 그 결과를 장담하기는 쉽지 않다. 좋은 질문을 하는데 학생들이 집중하지 않고 자꾸 떠드는 것은 무슨 이유일까? 나는 저경력 선생님들의 수업을 세밀히 살펴보았다. 그 세밀한 관찰 결과 내가 내린 결론은 다음과 같다. 학생들이 수업에 집중하지 않는 이유는 저경력 선생님들의 질문하는 방식에 있다는 것이다. 더 진솔하게 이야기하면, 개별 질문과 전체 질문을 분리하지 않고 질문함으로써 수업 분위기를 의도하지 않는 방향으로 전개시키고 있다는 것이다. 예를 들면 "학교에서 휴대폰 사용에 대해서 어떻게 생각하나요?"라는 질문 자체는 수업에 관련된 아주 좋은 질문이다. 그러나 이렇게 질문하게 되면 학생들이 다양하게 중구난방(衆口難防)으로 대답하게 된다. "저는 반대입니다. 왜냐하면 oooooo", "저는 찬성입니다. 왜냐하면 oooooo" 이와 같이 교실 여기저기에서 학생들이 두서없이 대답을 하게 된다. 학생들의 중구난방(衆口難防)의 대답이 아니라 수업에 집중할 수 있게 하는 방법은 전체 질문, 즉 "이게 무엇일까요?" 라고 질문하는 것이 아니라 "누가 이 문제에 대해서 발표해 볼까요?"라고 개별 질문을 하는 것이다.

학생들에게 전체 질문을 하는 경우는 아주 한정할 필요가 있다. 학생들에게 전체 질문을 하는 경우는 "대한민국 수도는 어디인가요?"라고 하는 것처럼 대부분의 학생이 아는 내용을 전달할 때이다.

수업시간에 선생님이 학생에게 하는 질문의 내용은 당연히 중요하고 수업의 목표를 실현하는데 굉장히 중요하므로 많은 연구를 할 필요가 있다. 그와 동시에 질문하는 방식은 전체 질문 대신에 개별 질문을 함으로써 학생들이 수업에 더 집중할 수 있다면 좋을 것이다.

지금까지 수업에 집중하지 않는 학생을 위한 처방법을 제시하였다. 의사가 감기 환자에게 여러 가지 다양한 방법과 약으로 처방하는 것처럼 위의 두 가지 경우(수업 준비를 제대로 하지 않는 학생들, 수업에 집중하지 않은 학생들)에 대한 교육적 처방 방법은 다양할 것이다. 여기서 내가 제시한 처방전은 기초적이고 기본적인 처방의 한 가지 방법으로 기존의 경험 많은 선생님들을 위한 것이라기보다는 이제 막 초등학교 선생님의 험난한 길에 들어선 선생님들을 위한 것이다.

선생님은 어디에 사시나요? - 학습목표

교수·학습 과정안을 연수할 때, 나는 선생님들에게 “선생님은 어디에 사시나요?” 라고 질문을 하면서 연수를 시작한다. 이 질문에 대부분의 선생님들은 “저는 동해시에 삽니다.”라고 대답한다. 그러나 이 대답만으로 그 선생님의 집을 찾는 것은 불가능하다. 그 질문에 최소한 “저는 동해시 쇄운동 부영아파트 103동에 삽니다.”라고 대답한다면, 그 선생님의 집을 찾는 데 많은 도움이 될 것이다. 눈치 빠른 분들은 아시겠지만 나는 여기서 선생님들이 사시는 곳이 궁금해서 질문한 것이 아니다. 선생님들이 자신이 사는 곳의 주소를 불분명하게 이야기하는 것처럼 교수·학습과정안[11]을 작성할 때 학습목표를 불분명하게 작성하고 있다는 것을 이야기하고자 하는 것이다.

학습목표를 진술하는 방법은 학자들에 따라 다양하다.[12]그러나 일반적으로 학습목표 진술은 도착점 행동과 명세적(明細的) 동사 사용을 권장하고 있다. 그러나 아쉽게도 내가 컨설팅하였던 대부분의 저경력 선생님들은 학습목표 진술이 도착점 행동과 명세적 표현이 불명확했다.

많은 선생님들이 교수·학습과정안을 작성할 때 ‘우리반을 위한 공익 광고를 계획할 수 있다.’라는 방식으로 학습목표를 제시한다. 그러나 이와 같은 학습목표 진술 방식의 문제점은 어떤 방법으로 공익광고를 계획하며, 어떤 방식으로 공익광고를 만들 것인지가 구체적으로 나와 있지 않다는 것이다. ‘우리반을 위한 공익광고를 계획할 수 있다.’라고 학습목표를 진술하기보다는 ‘모둠원들의 협력학습을 통해서 우리반을 위한 공익광고를 만들 수 있다.’라고 진술하는 것이 더 명세적으로 표현한다고 할 수 있다. 물론 이와 같은 학습목표 진술이 완벽한 것은 아니지만 일반적인 선생님들의 학습목표 진술보다는 명세적이라는데 의미가 있을 것이다.

11. 교육현장의 많은 선생님들이 지도안이라고 부르지만 저는 교수·학습과정안이라고 부른다. 왜냐하면 지도안은 교사 중심으로 말하는 것이고, 교수·학습과정안은 교사와 학생이 함께 만들어 가는 것이라고 생각되기 때문이다. 어느 쪽으로 불러도 상관없지만 저는 개인적으로 교수·학습과정안이라고 부르고 싶다.
12. 학습 목표를 진술하는 방법에 대해서는 이 글을 뒷부분에서 참조하기 바란다.
13. 내가 수업목표 대신에 학습 목표로 부르는 이유는 수업목표는 선생님의 수업에서 목표이고, 학습목표는 학생이 수업에서 목표라고 생각하기 때문이다. 사실 학습목표로 부르든 수업목표로 부르던 그것은 선생님 각자의 교육관의 차이이다. 개인적으로 나는 학생의 입장에서 수업목표로 부르고 싶다.

수업을 준비하는 선생님은 교육과정의 성취기준에 맞게 학습목표[13]를 진술하여야 하며, 좀 더 나아간다면 자신이 하려고 하는 수업의 핵심을 학습목표에 적으면 되는 것이다. 예를 들면, 6학년 도덕에 나오는 통일 단원 성취기준은 '도덕적 상상하기를 통해 바람직한 통일의 올바른 과정을 탐구하고 통일을 이루려는 의지와 태도를 가진다.'이다.

이 성취기준에 부합하게 선생님마다 수업방법에 따라 학습목표를 다양하게 제시할 수 있다. 토론수업을 좋아하시는 선생님은 '모둠 토론 활동을 통해서 바람직한 통일의 과정을 말할 수 있다.'라고 학습목표를 제시할 수 있다. 협력학습으로 동영상 제작을 하고 싶은 선생님은 '모둠원들의 협력학습으로 바람직한 통일의 과정을 제시할 수 있다.'로 학습목표를 진술할 수 있다. 학습목표는 하나의 정답이 있는 것이 아니라 선생님과 교육적 여건에 따라서 다양하게 진술될 수 있다. 내가 저경력 선생님에게 이야기하고자 하는 것은 학습목표 진술을 교과서 지도서에 나와 있는 것을 그대로 따라서 쓰는 것이 아니라 선생님이 가르쳐야 할 핵심을 학습목표로 제시하라는 것이다. 그리고 학습목표 진술은 성취기준에 부합되게 도착점 행동과 명세적 단어를 사용하여 진술하라는 것이다.

다양한 학습목표 진술방식

수업목표의 진술방식은 매우 다양하다. 현재 가장 많이 사용되고 있는 대표적인 진술방식은 Tyler(1949), Mager(1965), Gagne (1965), Gronlund(1972)의 진술방식이다[14].

1. 타일러(Tyler)의 진술방식

Tyler는 학습목표를 반드시 ①학습자를 주어로 하여 ②학습내용 또는 학습자료와 함께 ③도착점 행동으로 명세적으로 진술되어야 한다고 요구하고 있으며, 이 세 가지를 수업목표의 바람직하고(desirable) 실현성 있는(feasible) 전제조건으로 제시하고 있다.

〈 예시〉 ①학습자는 ②삼각형의 합동조건을 ③열거할 수 있다. 〉

2. 메이거(Mager)의 진술방식

메이거는 수업목표에 ①학습자의 ②도착점 행동과 ③그 도착점 행동이 일어나는 상황 및 조건 그리고 ④도착점 행동이 어느 정도 숙련되어야 하는지를 밝혀놓은 준거가 명시되어야 한다고 한다.

조건(상황)	준거(수락기준)	도착점 행동
3개의 분모가 다른 분수의 뺄셈을	10분 안에 정확히	풀 수 있다.
협의 주제를 제시하였을 때	1시간 내에 합리적 결론을	내릴 수 있다.
마름질 용구들을 사용하여	순서에 맞추어 정확하게	마름질을 할 수 있다.

3. 가네(Gagne) 의 진술방식

Gagne의 진술방식도 학습목표에 ①학습자의 ②도착점 행동(핵심동사)과 ③그 행동이 일어나는 조건과 함께 ④보조동사를 구체적으로 진술할 것을 요구하고 있다.

행위상황(사상)	도구	행위동사	대상	학습능력
자료를 제시했을 때	아래의 한글을 이용하여	입력함으로써	공문을	작성할 수 있다.
집단 활동에서	놀이를 통하여	협력함으로써	사회성을	함양한다.

14. 조남도 외 7인(2011), 『수업을 꿰뚫어 보는 힘! 수업분석』, 상상채널, pp. 76-78

루틴과 쿠세

루틴은 오랜 시간에 걸쳐 몸 밖으로 향하는 몸속 기호이다.[15] 루틴은 그냥 버릇이라고 하면 좋겠지만 그 내용을 모두 전달할 수 없어서 야구를 하는 사람들이 흔히 사용하는 쿠세와 루틴이라고 하면 그 느낌을 더 잘 전달할 수 있을 것이다.

루틴과 쿠세는 모두 버릇으로 해석되지만 일반적으로 루틴은 좋은 버릇을 이야기하고, 쿠세는 잘못된 버릇을 이야기한다. 여기서 나는 야구이야기를 하려는 것이 아니라 교사들이 가지고 있는 루틴과 쿠세의 이야기 즉, 교사들만의 특이한 버릇에 대해서 이야기를 하고자 한다.

수석교사로서 나는 선생님들의 수업을 참관할 기회가 많이 있었다. 특히 4년 동안 교육 실습생의 수업을 참관했던 일은 나에게는 많은 공부가 되었고, 수업에 대해서 다시 한 번 생각할 수 있는 좋은 기회였다. 여기서는 선생님들이 수업하는 동안 자기도 모르게 나오는 나쁜 습관인 쿠세에 대해서 알아보고, 그 쿠세를 좋은 습관인 루틴으로 바꿀 수 있는 방법에 대해서 이야기 해 보고자 한다.

선생님들이 수업 중에 가장 많이 사용하는 나쁜 버릇은 '반복어'를 계속하여 사용하는 것이다. 예를 들면 수업 중에 "자", "어, 그게", "얘들아" 등을 계속적으로 사용하는 것이다. 교육 실습생이나 저경력 교사들이 수업 중에 '반복어'를 자주 사용하였고, 그 '반복어'의 빈도가 심각할 정도로 많은 분들도 있었다. 그러나 더 심각한 것은 '반복어'를 사용하시는 대부분의 선생님들이 자신이 지속적으로 '반복어'를 사용하고 있다는 것조차 전혀 인지하지 못하고 있다는 것이다.

사실 수업 중에 '반복어'를 사용하는 것은 교육 실습생이나 저경력 교사에게만 국한되는 것이 아니다. 경력이 많은 선생님들에게서도 수업 중에 '반복어'를 사용하는 것이 자주 발견된다.

수업 중에 사용하는 '반복어'는 그것을 사용하는 선생님은 인지하지 못하지만 듣고 있는 학생에게는 굉장히 불편한 것이며, 수업의 흐름을 끊을 수 있는 것이므로 수업 중에 '반복어' 사용을 줄이는 것이 더 교육적일 것이다.

15. 다음 백과사전 : https://100.daum.net/encyclopedia/view/87XX57100060
(검색일 : 2020년 12월 30일)

수업 중의 '반복어'를 개선하는 나만의 방법을 소개하면 다음과 같다. 먼저 자신의 수업을 스마트폰의 녹음 기능을 이용하여 혼자서 들어 보아라. 자신의 수업을 녹음해서 자주 들어 보면 자신이 하고 있는 잘못된 버릇을 개선할 수 있다. 나의 경우는 나의 수업이나 연수 강의 내용을 녹음하여서 듣기만 하였는데도 내가 가지고 있는 쿠세인 수업 중의 '반복어'를 줄일 수 있었다. 그리고 나의 말 빠르기와 강약 조절까지 고칠 수 있는 기회가 되었다.

이 글을 읽은 선생님들이 수업 중의 '반복어'를 개선하고 싶다면 자신의 수업을 녹음해보시라고 추천하고 싶다. 물론 이 방법이 만병통치의 처방은 아니겠지만 나와 내가 지도했던 많은 선생님들이 효과를 보았던 방법이므로 권해 드리고 싶다. 그러면 선생님이 가지고 있는 수업 중의 나쁜 버릇인 쿠세가 좋은 버릇인 루틴으로 변화하는 것을 볼 수 있을 것이다.

폼(FORM)나는 수업 만들기

00교대에서 교대생들이 제출한 도덕 교과 재구성 발표 내용을 볼 기회가 있었다. 수석교사의 개인적 경험으로 판단했을 때 많은 교대생들이 제출한 도덕 교과 재구성 발표 내용에서 문제점이 발견되었다. 내가 교대생의 도덕 교과 재구성에 문제가 있다고 생각하는 점은 교대생들의 도덕 교과 재구성이 도덕 교과서만을 재구성한 것이고, 더 심각한 것은 그 내용으로 초등 수업 현장에서 사용한다면 학생들의 교육적 관심을 끌기 힘든 내용이라는 것이다.

수석교사로서의 개인적 판단과는 별개로 교대생들의 도덕 교과 재구성 내용에는 성취기준에 관한 언급을 볼 수 없었다. 수업을 준비할 때는 제일 먼저 교육과정에 나와 있는 성취기준을 살펴보고, 성취기준에 부합하게 수업을 구성해야 하는데 교대생들의 도덕 교과 재구성 발표물에서는 그런 모습을 찾기가 쉽지 않았다.

00교대에서 나는 전문가와 함께 하는 폼(FORM)나는 수업캠프를 3년에 걸쳐서 진행하고 있다. 여기서 폼(FORM)나는 수업캠프는 교육과정 내용에 충실하고(fidelity), 다양하게 열린 방법으로 수업하며(openness), 교사와 학생 그리고 학생 상호간의 관계를 중시하고(relationship), 학습 내용이 실생활에 갖는 의미를 중요하게 생각하는 수업(meaningfulness)캠프라는 뜻이다.

내가 수업을 준비하는 방식은 폼(FORM)나는 수업캠프가 지향하는 방법과 유사하다. 나는 수업을 준비할 때 제일 먼저 본시 수업 내용을 확인한다. 두 번째로는 수업이 해당하는 전 단원을 살펴본다. 그리고 세 번째로는 그 단원에 해당하는 성취기준을 찾는다. 네 번째로는 성취기준에 맞게 학생들과 협업할 수 있는 수업방법을 찾는다. 마지막으로 수업 내용이 학생들의 삶과 어떤 의미를 가지고 있는지를 찾고, 학생들의 교육적 관심을 끌 수 있는가를 찾아본다.

내가 수업을 준비하는 과정을 그림으로 설명하면 다음과 같다.

〈 1. 본시 수업 내용 확인 〉

〈 2. 수업 관련 전체 차시 확인 〉

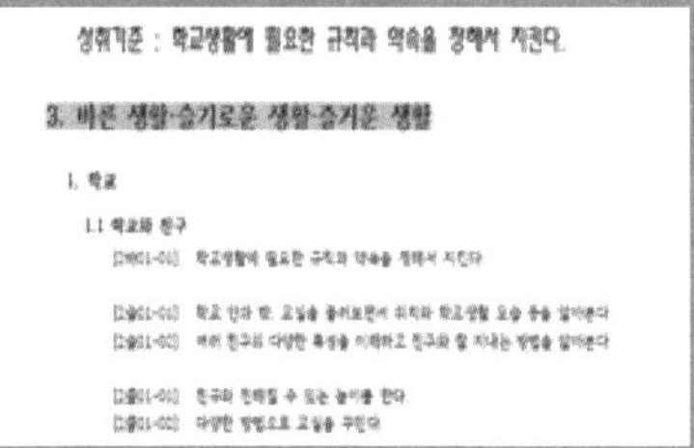

성취기준 : 학교생활에 필요한 규칙과 약속을 정해서 지킨다.

3. 바른 생활·슬기로운 생활·즐거운 생활

1. 학교

1.1 학교와 친구

[2바01-01] 학교생활에 필요한 규칙과 약속을 정해서 지킨다

[2슬01-01] 학교 안과 밖, 교실을 둘러보면서 위치와 학교생활 모습 등을 알아본다
[2슬01-02] 여러 친구의 다양한 특성을 이해하고 친구와 잘 지내는 방법을 알아본다

[2즐01-01] 친구와 친해질 수 있는 놀이를 한다
[2즐01-02] 다양한 방법으로 교실을 꾸민다

〈 3. 본시 성취기준 찾기 〉

자신의 경험 발표

주사위 놀이를 통한 학교 규칙 알기

역할극을 통한 학교 규칙 알기

동영상을 통한 학교 규칙 알기 등을 고려함

〈 4. 다양한 수업방법 찾기 〉

학교의 규칙이나 자신이 학교에서 할 수 있는 일 등을 자신의 주변에서 찾기

허니 콤보드로 내가 학교에서 할 수 있는 일 찾기

학교에서 지켜야 할 중에 가장 기초가 되는 책상 정리와 사물함 정리를 확인한다.

〈 5. 학생의 삶과 관련 있는 수업내용 〉

책상과 사물함 정리

〈 6. 성취기준에 부합된 학습활동 〉

멋진 토론수업을 기대하며

토론 수업은 현장 교육을 책임지고 있는 교사들에게 아주 매력적인 수업이다. 왜냐하면 토론 수업은 교사 중심 수업이 아니고 학생들의 자발적이고 협력적인 학습이며, 학생 배움 중심 수업이기 때문이다. 학생들은 토론을 통해서 학업 성취도를 향상하고, 문제해결 능력, 의사소통 능력, 대인관계 능력, 메타인지 발달에 영향을 주기 때문이다[16].

멋진 토론 수업을 본 많은 선생님들은 토론 수업을 자신의 학급에 적용하고자 굳게 마음을 먹는다. 선생님들은 많은 연수와 책을 통해서 토론 수업을 연구하여 자신의 학급에 여러 가지 방식의 토론 수업을 적용해 본다. 그러나 우리반 아이들과의 멋진 토론 수업을 기대하고 시작했던 토론 수업에서 선생님들은 여러 가지 이유로 많은 실망을 하게 되고, 심지어 토론 수업에 대한 자신감을 상실하는 경우가 많다. 왜냐하면 내가 보았던 토론 수업은 학생 중심으로 이루어지고, 학생들이 서로 멋진 격론을 주고받으면서 주어진 토론의 주제를 해결하는 모습이었지만 정작 우리반의 토론 수업에서는 토론 주제와 상관없이 이야기하거나 자신의 주장만을 큰소리로 이야기하는 모습을 직면하기 때문이다.

여기서 나는 저경력 교사들이 시범수업으로 보았던 멋진 토론 수업은 잠시 접어 두고 나의 수업방법을 생각해 보시길 제안한다. 아름다운 집은 처음부터 그 모습으로 지어진 것이 아니다. 아름다운 집을 짓기 위해서는 거친 터파기와 기초 작업이 필요하다. 이처럼 멋진 토론 수업도 기초 작업이 필요하다고 생각한다.

나는 토론 수업이나 협동 학습 등을 시작하기 전에 꼭 하는 수업이 있다. 그것은 학생들끼리 자연스럽게 대화할 수 있는 분위기를 만드는 것이다. 학생들의 대화를 이끌어내는 수업방법은 다양하게 있겠지만 내가 사용하는 방법은 다음과 같다.

수업 활동 속에서 자연스럽게 먼저 서로의 이름을 알고 서로에게 인사할 수 있는 방법은 '친구 이름찾기 빙고 게임'이다. 이 방법은 학급 학생들뿐만 아니라 교직원과 학부모을 대상으로 하여도 잘 모르는 사람들이 친밀해질 수 있는 좋은 방법이다.

---

16. 김경훈(2018), 『토의 토론 수업 배움을 디자인하다』, 행복한 미래

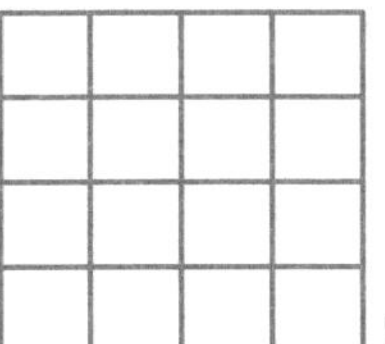
빙고판

이재윤	오주은	김현우	김서우
차해인	이효린	김시온	조수연
서예나	김진아	박정민	최가빈
남해올	김태민	차유나	양준서

예시

‘친구 이름 찾기 빙고 게임’은 친구를 만나게 되면 “ 안녕하세요”라고 인사를 하면서 가위바위보를 한다. 가위바위보를 해서 비기면 서로의 이름을 빙고판에 쓴다. 16명의 친구의 이름을 모두 쓴 사람은 먼저 자기 자리에 앉을 수 있다. 여기서 중요한 것은 16명의 친구 이름이 모두 달라야 한다는 것이다. 빙고 게임이 끝나지 않은 친구는 자신의 빙고판에 없는 친구가 게임을 끝내고 앉아 있어도 가위바위보를 해서 비기면 그 친구 이름을 쓸 수 있다.

‘친구 이름 찾기 빙고 게임’으로 친구들의 이름을 알게 되고 친숙한 분위기가 되었으면 짝 토론을 할 수 있는 분위기를 조성하기 위해 빙고게임을 실시한다. 짝 토론을 부드럽게 하기 위한 빙고게임은 교육현장에서 자주 사용하고 있다. 숫자 1-9까지 빙고게임과 아이들이 좋아하는 과일 빙고게임 또는 교실 물건 빙고게임을 실시한다. 짝 토론을 위한 빙고게임의 예를 들면 다음과 같다.

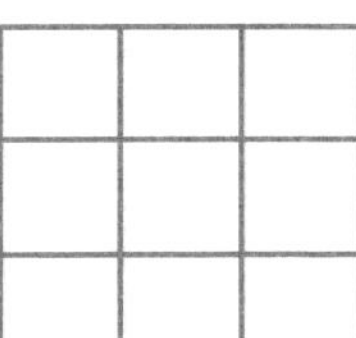
숫자 빙고 (1~9까지)

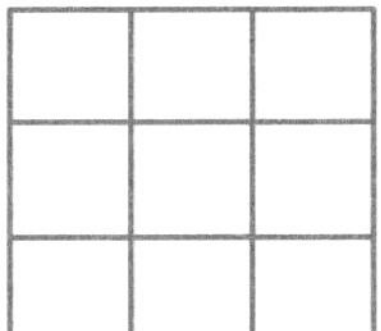
과일(교실) 빙고 (1~9까지)

학생들은 ‘숫자 빙고’와 ‘과일(교실) 빙고’를 하는 동안 자연스럽게 대화할 수 있다. 사실 이 두 가지 빙고 게임은 토론의 주제를 가지고 수업하는 토론 수업이 아니다. 빙고 게임은 두 사람의 관계 형성을 돈독히 하는데 그 목적을 두고 있다. 짝끼리 빙고 게임을 한 후에는 뒷자리에 앉아 있는 친구와 둘이서 빙고 게임을 하는 것도 좋은 방법이다.

‘숫자 빙고’를 통해서 짝과의 관계 형성(숫자 빙고는 1회를 통해 관계 형성이 이루어지기 힘들기 때문에 최소한 3회 이상을 하는 것이 좋다.)이 이루어졌다고 생각되면 다음 단계의 토론 수업 기초 작업을 할 필요가 있다. 그것은 ‘주사위 하브루타 토론 수업이다.

'주사위 하브루타 토론'은 본격적인 토론 수업을 시작하기 전에 실시하는 '애피타이저'라고 생각하면 좋을 것 같다. 논리 정연하고 합리적인 주장이 난무하는 딱딱한 토론 수업 전에 자신의 이야기를 함으로써 서로에 대해 알게 하는 좋은 기회이며, 상대방의 말에 주의를 기울이면서 듣게 하는 것이 '주사위 하브루타 토론'이다.

'주사위 하브루타 토론'은 선생님들의 수업 방식에 따라서 다양하게 제작할 수 있다. 나의 경우는 나에 대한 것, 가족에 대한 것, 친구와 우리반에 대한 것, 나의 꿈에 대한 것을 주사위 하브루타를 통해서 짝과 함께 토론하는 기회를 갖게 하였다.

'주사위 하브루타 토론'으로 나와 친구에 대해서 많이 알게 되었다면 '지혜를 모아서 가위바위보'라는 게임을 통해서 토론 수업을 하는 동안 지켜야 할 아주 기초적인 규칙을 배울 수 있다. 토론 수업에서는 자신의 주장만을 고집해서는 안되고 다수결의 의견을 존중하며, 다른 모둠에 피해가 갈 정도로 큰소리로 이야기하지 말아야 한다. 이와 같은 규칙을 자연스럽게 교육하는 방법이 바로 '지혜를 모아서 가위바위보'라는 게임이다.

'지혜를 모아서 가위바위보' 게임[17]은 랜덤으로 가위바위보를 내는 컴퓨터와 비기게 되면 새우깡 또는 스티커를 받는 게임이다. 이 게임을 하기 전에 선생님은 다음과 같이 이야기한다. "이 게임은 친구와 토론을 통해서 컴퓨터와 같은 가위바위보를 내는 것이다. 이 게임은 3번에 걸쳐서 하게 된다. 컴퓨터와 비기게 되면 과자를 줄 것이며, 3번 하는 동안 싸우지 않는다면 설령 가위바위보 게임에서 비기지 않았다고 하더라도 그 학생들 모두에게 과자를 줄 것이다. 그러나 이 게임을 하는 동안 싸우게 된다면 그 학생들은 이 게임을 못하게 될 것이다. 마지막으로 이 게임을 하는 동안 목소리는 제일 작은 목소리 크기인 목소리 1로 할 것이다." 라고 이야기한다.

〈 지혜를 모아서 가위바위보(하브루타) 〉

17. 가위바위보 게임은 티쳐빌 원격 교육연수원에서 다운 받아서 사용할 수 있다.

'지혜를 모아서 가위바위보' 게임은 위의 컴퓨터 그림에 나오는 아이와 같은 가위바위보를 내면 되는 것으로 처음에는 짝과 함께 토론하여서 실시하고, 그 후에는 4~5명의 모둠원들이 토론을 통해서 실시한다. 그 후에는 1분단 전체가 토론을 한 후에 실시한다. 이와 같이 실시하게 됨으로써 학생들은 토론을 통해서 자연스럽게 자신의 의견을 말하고 그 의견이 다른 학생과 다를 때는 의견 조정 또는 다수결의 원칙을 정하여 의사를 결정하게 된다. 이때 자신의 주장만을 고집하거나 짝, 모둠, 분단의 의견이 서로 달라서 싸우는 경우에는 '지혜를 모아서 가위바위보' 게임에서 제외한다. 단 3번의 게임을 하는 동안 싸우지 않으면 과자나 스티커를 나누어 주어서 토론의 규칙을 지킬 수 있도록 교육한다.

내가 이 글을 통해서 저경력 선생님들에게 전하고 싶은 것은 멋진 토론 수업을 하고 싶다면 먼저 토론 수업의 걸음마에 해당하는 활동 즉, '친구 이름 찾기 빙고게임', '숫자 및 과일 빙고게임', '주사위 하브루타 토론' 그리고 '지혜를 모아서 가위바위보' 게임을 실시하는 것이 우선이라는 것이다. 위와 같은 활동을 통해서 학생의 자발적이고 협력적인 토론 수업을 할 수 있는 기초를 다질 수 있을 것이며, 우리반의 멋진 토론 수업을 기대해도 좋을 것이다.

학습지 모음 - 친구들과 함께 활동하여 봅시다.

빙고 게임

친구 이름 찾기 빙고게임

친구 이름 찾기 빙고게임

1. 친구를 만나 " 안녕하세요" 인사한다.
2. 가위, 바위, 보를 해서 비기면 이름을 빙고판에 쓴다. 이기거나 지면 쓸 수 없다.
3. 16명의 이름을 모두 적으면 자기 자리에 앉는다.
4. 선생님이 말하는 학급 친구 이름을 지워 직선 또는 대각선으로 3개가 그려지면 "빙고" 를 외친다.

02 학습지 모음 - 친구들과 함께 활동하여 봅시다.

숫자 빙고

숫자 빙고 게임하기 (1-9까지)

03 학습지 모음 - 친구들과 함께 활동하여 봅시다.

| 빙고 게임

과일(교실 물건) 빙고게임

04 학습지 모음 - 친구들과 함께 활동하여 봅시다.

주사위 하브루타

나에 대한 주사위 하브루타

	1	2	3	4	5
1	1 나의 이름은? 사는 곳은?	2 나의 가족을 소개합니다 (부모님/형제자매)	3 아싸! (친구에게 주사위 넘기기)	4 나의 자랑 3가지 (ex 축구를잘합니다)	5 내가 제일 좋아하는 음식은? (꼭 대답해야 합니다.)
2	6 부모님에게 바라는 것 3가지	7 부모님 or 선생님 자랑 3가지	8 내가 제일 화가 났을 때는 언제이고, 어떻게 표현 했나요?	9 내가 제일 듣고 싶은 말은? 그 이유는?	10 내가 제일 좋아하는 색깔은? (꼭 대답해야 합니다.)
3	11 제일 친한 친구 한명을 소개해 주세요 왜 그 친구가 제일 좋은지도 이야기 해주세요	12 내가 나중에 되고 싶은 직업이나 꿈은? (꼭 대답해야 합니다.)	13 아싸! (친구에게 주사위 넘기기)	14 내가 가장 행복해 할 때는? (ex 우리집에 강아지가 왔을 때)	15 내가 가족에게 가장 듣고 싶은 말은? 그 말을 듣고 싶은 이유는?
4	16 지금까지 내가 받았던 선물 중에서 가장 소중하게 생각하는 것은? 그 이유는?	17 가족과 함께 놀았던 놀이나 게임 중에 기억에 남는 것은?	18 우리집에서 태어나서 좋은 점 2가지는?	19 부모님이외에 나에게 가장 소중한사람은? 그이유는	20 당신이 들었던 말 중에서 가장 상처가 되는 말은?

05 학습지 모음 - 친구들과 함께 활동하여 봅시다.

주사위 하브루타

나와 가족에 대한 주사위 하브루타

	1	2	3	4	5
1	1 우리 가족을 소개해 주세요	2 가족에 대한 사랑을 어떻게 표현하나요? (ex 00 사랑해요 00 항상 감사해요. 등)	3 아싸! (친구에게 주사위 넘기기)	4 다른 사람들에게 우리 가족을 자랑 3가지? (ex 우리집은 언제나 화목하다 등)	5 가족들과 함께 했던 놀이 중에서 가장 재미있었던 것은? (ex 가족 전체가 함께 한 보드 놀이)
2	6 우리 가족이 가장 행복해 할 때는? (ex 가족이랑 함께 00을 할 때)	7 우리 가족들이 하나의 문장으로 나타낸다면? (ex 우리가족은 000이다 왜냐하면 0000이기 때문이다.)	8 아싸! (친구에게 주사위 넘기기)	9 가족에게 바라는 것 3가지만 꼽는다면? (ex 00야 싸우지 말자 / 부모님 핸드폰 바꿔 주세요. 등)	10 우리 가족이 고쳤으면 하는 점은? (ex 부모님, 형제자매 중에서한 명에게만 고칠 점을 이야기해도 됩니다)
3	11 가족들이 당신에게 한 말 중 가장 상처가 되는 말은? (ex 누나가 나에게 00고 놀렸다. 등)	12 가족들이 당신에 대해서 했던 말 중에 가장 기억에 남는 것은?	13 아싸! (친구에게 주사위 넘기기)	14 우리 가족으로 태어나서 가장 좋은 점 3가지는?	15 당신 스스로 부모님의 자녀로서 자신의 점수를 매긴다면? (ex 80점이다 왜냐하면 공부는 좀 그렇지만 말은 잘 듣기 때문이다)
4	16 30년 후 가정을 이룬다면 가족 구성원은 어떻게 되나요? (ex 아들 딸 4명)	17 가족들 중 당신의 고민을 가장 잘 상담해 주는 사람은 누구인가요? (ex 아빠, 나의 말을 잘 들어 준다. 등)	18 아싸! (친구에게 주사위 넘기기)	19 가족들에게 가장 듣고 싶은 말은? (ex 00야 사랑해, 너를 믿어 등)	20 가족들과 함께 갔던 여행 장소 중 가장 기억에 남는 장소는?

06 학습지 모음 - 친구들과 함께 활동하여 봅시다.

주사위 하브루타

나의 꿈에 대한 주사위 하브루타

	1	2	3	4	5
1	1 나의 이름은? 사는 곳은?	2 나의 가족을 소개합니다 (부모님/형제자매)	3 아싸! (친구에게 주사위 넘기기)	4 나의 자랑 3가지 (ex 축구를잘합니다)	5 내가 살면서 제일 재미있었던 일은?
2	6 나의 꿈은? (ex 나의 꿈은 선생님입니다)	7 지금 제가 제일 하고 싶은 것은? (ex 휴대폰 게임 많이 하기)	8 아싸! (친구에게 주사위 넘기기)	9 부모님에게 바라는 것 3가지만 이야기하기 (ex 휴대폰, 게임, 자유시간 등)	10 30년 후에 나의 모습 (ex 나는 30년 후에 의사가 되어서 가난하고 아픈 사람을 고쳐 줄 것이다.)
3	11 내 친구가 고쳤으면 하는 점은? (ex 우리반 친구나 나의 친구 한 명의 고칠 점을 이야기해도 됩니다)	12 내가 친구에게 가장 듣고 싶은 말은? 그 말을 듣고 싶은 이유는? (ex 00가 너무 좋다 / 00는 00을 너무 잘한다)	13 부모님이외에 나에게 가장 소중한 사람은? 그 이유는? (ex 00 나의 말을 잘 들어 주기 때문에 등)	14 가족과 함께 놀았던 놀이나 게임 중에 기억에 남는 것은?	15 내가 가진 것 중에서 친한 친구에게 줄 수 있는 선물은? (ex 나는 00에게 나의 00을 줄 수 있습니다. 그 친구를 믿을 수 있으니까요. 등)
4	16 지금까지 내가 받았던 선물 중에서 가장 소중하게 생각하는 것은? 그 이유는?	17 나에게 꼭 들려주고 싶은 말은? (ex 괜찮아! 너는 잘 할 수 있어!)	18 아싸! (친구에게 주사위 넘기기)	19 나의 꿈을 말하고 그 꿈을 응원하는 한마디 (ex 000야 너의 꿈 00을 이루기를 바래)	20 부모님이 허락하면 키우고 싶은 동물은?

공부의 상처를 안고 사는 아이들을 위한 제안서

세계대전 이후 신생국들의 문맹 퇴치 운동을 시도한 국제연합교육과학문화기구(UNESCO)는 일상생활에 관한 짧고 간단한 문장을 이해하며 읽고 쓸 수 있는 자를 문해자라 하며, 문맹을 문맹(illiterate)과 반문맹(semi-literate)으로 나누고, 문해를 최저 문해(minimum level literate)와 기능적 문해(functional literate)로 나눈 후 문해자(文解者)와 반문해자(反文解者)의 기준을 다음과 같이 정의[18]했다.

첫째, 일상생활에 관한 짧고 간단한 문장을 이해하며 읽고 쓸 수 있는 자를 문해자라 하며 둘째, 일상생활에 관한 짧고 간단한 문장을 읽을 수는 있으나 쓸 수 없는 자를 반문해자라고 한다 UNESCO는 1962년 문맹 교육 전문가 회의에서 건의문을 채택하면서 문해자를 "집단이나 지역사회 안에서 효과적으로 참여하고 활용하는 데 필요한 기초적인 지식과 기술을 습득한 자이며, 2~3년간 초등학교 교육을 받은 수준에 해당하는 읽기·쓰기·셈하기의 기술을 가진 자"라고 정의했다.

우리나라의 경우를 보면 평생교육법 제2조에 의거하여, "문자해득교육"(이하 "문해교육"이라 한다)은 일상생활을 영위하는데 필요한 문자해득(文字解得)능력을 포함한 사회적·문화적으로 요청되는 기초생활능력 등을 갖출 수 있도록 하는 조직화된 교육프로그램을 말한다.

국제연합교육과학문화기구(UNESCO)와 대한민국의 평생교육법은 모두 일상생활을 영위할 수 있는 기초 생활능력을 문해교육(文解教育, literacy education)이라고 규정하고 있다. 대한민국은 세계에서 문맹률이 낮은 나라 중에 하나이며, 수학에 대한 문해 능력 역시 세계에서 최상위권을 유지하고 있다고 각종 연구보고서[19]들이 보여주고 있다.

이러한 수치로 본다면, 대한민국은 문해교육에 대해서 크게 신경을 쓰지 않아도 될 것 같다. 그러나 최근 대한민국에서는 문해교육에 대한 열기가 대단히 높다. 문해교육에 대해서 큰 걱정이 없을 것 같은 대한민국에서 문해교육을 강조하는 것은 학력 저하에 대한 우려도 있지만 학력 이외의 요인이 있는 듯하다. 문해교육을 학력 위주의 관점에서만 본다면, 대한민국 교육은 큰 걱정을 할 필요가 없을 것이다. 그러나 문해교육을 제대로 하지 못한 아이들. 즉, 공부의 상처를 안고 사는 아이들의 정서 및 심리 상태 그리고 학교생활(학교 폭력, 문제아, 왕따 등등)까지 생각한다면 문해교육은 또 다른 시각에서 접근할 필요가 있다.

---

18. 다음 백과 사전 : http://100.daum.net/encyclopedia/view/b08m0899a
    (검색일 : 2020년 12월 27일)
19. OECD자료 : https://read.oecd-ilibrary.org/education/oecd-skills-outlook-2015_9789264234178-en#page26)
    (검색일 : 2020년 12월 30일)

공부의 상처를 안고 사는 아이들(천천히 배우는 아이 또는 기초 기본 학습부진아 등으로 불린다.)은 의학적 문제, 즉 의학적으로 뇌 기능에 문제가 있는 학생이 아니라면 대부분은 학습 초기 시절인 유아기 또는 초등학교 저학년 시절의 학습된 무기력과 학습에 대한 트라우마가 그 원인이라고 할 수 있다. 학생들의 학습에 대한 트라우마와 학습된 무기력은 문해교육에 대한 체계적인 교육방법이 아니라 부모와 교사의 체벌 또는 과도한 학습 요구로 인하여 더욱 심화되고 있다.

학습된 무기력[20]의 예를 들면 다음과 같다. 어린 코끼리를 움직이지 못하게 하려고 작은 말뚝에 단단히 묶어 두면 어린 코끼리는 거기서 벗어나려고 수없이 노력한다. 그러나 그 노력이 계속적으로 실패를 하게 된다면 그 코끼리는 탈출에 대한 무기력에 빠지게 된다. 탈출에 대한 무기력을 가진 코끼리는 성인 코끼리가 되어서도 작은 말뚝을 벗어날 수 있음에도 불구하고 그 말뚝을 벗어나려고 노력하지 않는다. 코끼리와 마찬가지로 학생들도 학습에 대한 계속된 실패로 인하여 학습된 무기력을 가지게 된다. '학습된 무기력'에 빠진 학생들은 자신이 잘 할 수 있는데도 불구하고 수학이나 영어라는 이야기만 듣게 되어도 힘든 과목이라고 미리 포기한다.

이와 같이 학습된 무기력에 빠진 학생들을 위해서는 먼저 그 아이들이 해당 과목에 대한 자신감을 기를 수 있는 교육 프로그램을 실시할 필요가 있다. 내가 실시하고 있는 학습된 무기력 회복 프로그램 하나를 소개하면 다음과 같다.

많은 선생님은 수학 진단 평가에서 10~20점 받는 아이가 있다면, 학급의 보통 아이들 수준인 60점 이상의 수학 성적을 학습 목표로 잡고 교육프로그램을 진행한다. 나는 이 부분에서 많은 선생님들과 생각을 달리한다. 나는 학습된 무기력에 빠진 아이들에게 학습 목표를 60점이 아니라 30점으로 정도로 낮게 잡는다. 그리고 다른 학생들의 평균과 비교하지 않고, 그 학생의 성적이 조금씩 나아지는 것을 학습 목표로 잡고 있다. 학습된 무기력에 빠진 아이들의 학습 목표를 낮게 잡고 다른 학생들과 비교하지 않으며, 오직 그 학생의 점수가 점차적으로 나아지는 것에만 관심을 쏟았다.

많은 선생님들이 진단 평가에서 낮은 성적을 받은 아이들을 남겨서 가르치고 있고 심지어 외부 강사를 초청해서 가르치고 있지만 나의 교육적 경험상으로 볼 때 그 결과는 신통하지 않고 아주 우울하다. 내가 26년의 선생님 생활을 하면서 부진아 지도라는 이름의 많은 나머지 공부를 아이들에게 시켰지만 완전히 부진아를 탈출한 경우는 손에 꼽을 정도였다. 이 경우도 선생님의 노력과 부모님의 노력이 함께 했었다. 물론 나와는 달리 학생을 학습 부진아 수준에서 많이 벗어나게 했다고 주장하시는 분들도 있지만 많은 선생님들과 이야기해 보면 그 비율이 그리 높지 않은 것이 현실이다.

---

20. 이소라(2014), 『그림으로 읽는 생생 심리학』, 그리고 책, pp. 72-77

선생님의 노력 그리고 외부 강사의 노력에도 불구하고 학습된 무기력에 빠진 아이들을 효과적으로 해결할 수 있는 방법을 찾는 것은 쉽지 않다. 나는 그 학생들이 학습된 무기력에서 벗어날 수 있도록 자신감, 자긍심을 길러 줄 수 있는 방법을 사용하고 있다. 학습된 무기력에 빠져서 공부의 상처를 안고 사는 대부분의 학생들은 학습에 대한 트라우마로 인하여 나는 공부를 해도 안 된다는 자괴감을 지니고 있다. 이런 학생들에게 나는 천천히 아주 천천히 배워가는 학습 방법을 사용하고 있다.

학습된 무기력에 빠져서 공부의 상처를 안고 있는 아이들에게는 학습에 대한 성공의 기회를 자주 맛보게 하는 것이다. 예를 들면, 수학 공부에 마음의 상처가 있는 학생에게는 처음에 두 문제만 내어주고 한 문제만 맞으면 집에 보내 준다고 한다. 두 문제 중에 한 문제는 그 아이가 무조건 풀 수 있는 문제를 제시하고, 다른 문제는 그 문제보다 조금 힘든 문제를 제시한다. 일주일 동안 이 과정을 계속 반복하게 한다. 그리고 이주일 후에는 두 문제 중에 한 문제는 지난주에 맞힌 문제도 배치하고, 그것보다 조금 어려운 문제도 제시한다. 그리고 어떤 날은 쉬운 문제만 내어서 모든 문제를 다 맞도록 하여 성공의 느낌을 느끼게 한다. 학생이 문제를 푸는데 조금씩 관심을 갖게 되면, 세 문제 중에 두 문제는 쉬운 문제와 조금 어려운 문제 하나를 내는 식으로 진행한다. 나의 경우는 이런 과정을 통해서 수학 공부에 상처를 안고 있는 아이들이 수학을 좋아하는 아이로 바뀌는 좋은 기회를 몇 번 경험하였다. 나와 같은 방식은 교사 개인적 생각이기 때문에 강요할 수 없다. 그러나 선생님들이 학습된 무기력을 가진 학생들을 여러 가지 방법으로 가르쳤는데도 불구하고 아이들의 변화가 없다면 나의 방법을 사용해 보아도 좋을 것 같다.

초등학교 저학년에서 공부의 상처를 안고 사는 학생들의 대부분이 부모님의 과도한 기대 또는 교육에 대한 무관심(애들은 알아서 잘 커!)에 의해서 생기는 경우를 많이 보아왔다. 공부의 상처를 안고 사는 아이들이 있다면 부모님과의 진지한 교육적 대화가 필요한 것 같다. 가정에서 교육하는 방법과 학교에서 교육하는 방법의 연계를 긴밀하게 한다면 교육적 효과를 극대화할 수 있을 것이다. 그러나 부모님이 여러 가지 일로 바쁜 상황에서 아이들의 교육을 챙기지 못하면 학교에 계시는 선생님의 노력이 필요하다.

문해교육에서 상처받은 학생을 위한 또 다른 예를 소개해 보면 다음과 같다. 영어를 전담하는 선생님이 무척 우울한 표정으로 영어의 기초를 모르는 학생들을 교육하고 싶다고 하였다. 그 학생들의 영어 수준은 알파벳만 겨우 아는 정도였다. 영어 전담선생님은 영어 문해교육이 제대로 안 된 학생들을 가르치기 위해 영어와 관련된 여러 가지 책을 사서 준비하였다. 영어 전담선생님의 교육적 열정은 알겠지만 너무 과도하게 교육프로그램을 진행하게 되면 오히려 학생들에게 다시 한 번 영어에 대한 학습된 무기력을 줄 수 있다는 개인적 생각을 영어 전담선생님에게 이야기했다. 그 이야기 후에 영어 전담선생님은 영어 문해교육을 위한 프로그램을 다음과 같이 구성하였다. 학생들에게 영어를 가르치기 전에 학생들이 영어 전담실에 오면 즐겁고 행복하다는 것을 느끼게 하는 수업으로 계획하였다. 단어 외우기와 단어 쓰기 위주의 수업이 아니라 놀이를 하는 동안 학습할 수 있는 영어 놀이 수업으로 진행하였다. 그리고 영어 문해 교육의 학습 목표는 영어를 어느 정도는 하는 아이로 기르는 것이 아니라 알파벳을 모르는 아이들이 영어를 좋아하는 마음을 기르게 하는 것이었다.

영어 전담선생님의 지속적인 노력에도 불구하고 학생들의 영어 실력이 일취월장하지는 않았지만 영어를 좋아하는 아이들로 변해 갔다. 특히, 영어를 배우러 오는 3명의 아이 중에 한 명은 야구 방망이로 눈을 맞아서 병원에 갔었는데도 다시 영어를 배우러 영어 전담실에 오기도 했다. 그 학생에게 영어 전담실에 오는 것은 눈이 아픈 것을 참을 수 있을 정도로 즐겁고 행복한 일이었을 것이다.

영어 전담선생님의 1년 동안의 교육적 노력에도 불구하고 그 아이들의 학력은 보통 학생과 비교한다면 한참 뒤떨어졌지만 영어에 대한 무기력에서 조금씩 벗어날 수 있는 자신감을 얻을 수 있었던 것 같았다. 영어 전담선생님의 교육적 노력으로 아이들은 영어는 두려운 과목이 아니라 나의 노력 여하에 따라 도전할만한 과목으로 바뀐 것 같다.

나는 나의 교육적 경험과 교육적 견해를 가지고 공부의 상처를 안고 사는 아이들을 위해서 다음과 같이 제안을 하고자 한다. 이 제안은 교육 경험이 많은 선생님에게 하는 것이 아니다. 왜냐하면 교육적 경험이 많은 선생님은 나와는 다른 교육 노하우를 가지고 계시기 때문이다. 내가 공부의 상처를 안고 사는 아이들을 위한 제안을 하고 싶은 선생님들은 내가 학교에서 모시고 있는 동해 중앙초 저경력 선생님과 이제 강원도 초등학교에서 발령 받은지 1년이 조금 넘는 동호초등학교 3학년 3반 출신의 제자 세 분 그리고 마지막으로 전국교대 좋은 수업 탐구대회에서 제 컨설팅을 받은 춘천교육대학교 4학년 이하연 선생님과 김보은 선생님이다.

공부의 상처를 안고 사는 아이들을 위해서 첫째, 공부의 상처를 안고 사는 아이들에게 학급 학생들의 평균 점수와 비교하는 것이 아니라 자신의 예전 수준만을 비교하게 하자. 2학년 때 20점이었으면 3학년 때는 30점만 받아도 칭찬받을 수 있는 교육적 환경을 그들에게 제공하자. 남과 비교하지 말고 나 자신과 비교하게 하자.

둘째, 학습된 무기력에 빠진 학생들에게 학습된 무기력에서 탈출할 수 있는 성공의 기회를 많이 제공하자. 아주 쉬운 문제와 약간 어려운 문제를 배치하여서 그 학생들이 그 문제에 도전할 수 있는 교육프로그램을 제공하자.

셋째, 문해교육에 상처를 안고 사는 학생이 문해교육에서 벗어나는 것도 중요하지만 그 과목을 좋아하고 그 교과 선생님을 좋아하게 하는 교육프로그램을 개발하자. 문해교육을 받는 시간은 문제 풀이의 지겨운 시간이 아니라 즐겁고 행복한 시간이라는 것을 느끼게 하여 학생들이 스스로 일어설 수 있는 여건을 마련해 주자.

넷째, 공부의 상처를 안고 있는 학생을 위해서는 그들의 학부모와 자녀교육에 대해서 진지하게 이야기할 필요가 있다. 공부의 상처는 부모와 교사의 과도한 학습 요구로 인한 것임을 인지하고 학습된 무기력을 탈출할 수 있는 합리적이고 체계적인 부모교육과 교사교육을 마련하자.

선생님을 당황하게 하는 천천히 가는 아이들을 위해서

선생님을 당황하게 하는 아이들, 예를 들면 선생님에게 욕하는 (X소리, X새끼, X발, 씨O쌔끼 등등) 아이, 하루 종일 우는 아이, 갑자기 난폭해져서 학교의 기물(의자, 책상, 유리창 등등)을 파괴하는 아이, 수업 시간에 얌전히 앉아 있지 못하고 교실을 배회하면서 친구의 수업을 방해하는 아이들을 교실에서 종종 볼 수 있습니다.

큰 산에 올라가는 등산로가 여러 가지인 것처럼 선생님을 당황하게 하는 아이들을 교육하는 방법은 다양할 수 있습니다. 그 여러 가지 방법 중에서 제가 실시하는 것을 소개하겠습니다. 언제나 그렇지만 저의 방법은 저만의 방법이고, 이것이 전가의 보도(傳家寶刀)처럼 모든 곳에 적용될 수는 없을 것입니다. 한 아이가 있었습니다. 이 아이는 갑자기 주먹으로 벽을 치고, 심할 때는 벽에 이마를 찧어서 피를 흘리는 경우가 종종 있어서 선생님을 당황하게 하는 아이였습니다. 그 아이가 사고를 낼 때마다 담임 선생님은 그 아이와 상담을 하였습니다. 그러나 그 아이의 행동은 줄어들기는커녕 점점 더 심해졌습니다.

저는 그 아이의 생활을 찬찬히 살펴보았습니다. 살펴보는 동안 그 아이가 화를 내고 사고를 칠 때는 항상 같은 패턴이 있다는 것을 알게 되었습니다. 그 아이는 담임 선생님이나 자신의 반 학생들이 보고 있을 때는 화를 내고 위험한 행동을 하지만 다른 반 아이들이 볼 때는 전혀 그런 행동을 보이지 않았습니다. 그래서 제가 생각한 것은 그 아이가 의식적으로 그런 것인지 또는 무의식적으로 그런 것인지는 모르지만 자신이 주목받고 사랑받고 싶을 때 위험한 행동이 나온다는 가정을 가지고 그 아이의 행동을 살피면서 문제 행동에 대응하고자 하였습니다.

그 아이가 위험한 행동(책상을 치거나 이마로 벽을 치면)을 하면 그 반 아이들에게 말리지 말라고 하고, 심지어 담임 선생님에게도 그 아이를 제지하는 행동을 하지 말라고 부탁했습니다. 그럼에도 마음이 착하신 담임 선생님은 그 아이의 행동을 제지하고자 하였습니다. 담임 선생님은 학생이 위험한 행동을 하면 제지하고 상담을 계속했지만 그 아이의 행동은 변화가 없었습니다. 그래서 저는 담임 선생님과 같이 다음과 같은 원칙을 정해서 행하기로 하였습니다.

첫째, 그 아이가 위험한 행동을 하면 담임 선생님뿐만 아니라 그 반 아이들은 그 행동에 반응하지 않기로 했습니다. 그 아이의 행동이 다른 사람에게 주목받고자 또는 사랑받고자 하는 행동이라는 것을 인지하고 대응하게 하였습니다.

두 번째, 그 아이가 위험한 행동을 하면 그 전에는 일단 행동을 제지하고 위로하면서 상담을 했지만 그 방법을 바꾸어서 제지나 상담을 하지 않고, 담임 선생님이 개인적으로 불러서 혼쭐나게 야단을 치게 했습니다.(처음에는 착한 담임 선생님이 이것을 굉장히 힘들어 하셔서 제가 대신 혼내 주기도 했고, 얼마의 시간이 지난 후에는 담임 선생님이 혼내는 일을 하였습니다.) 그리고 그 아이가 위험한 행동을 오전 중에 하지 않았다면 점심시간과 하교 시간에 학급 아이들 전체 앞에서 칭찬을 하였고, 그 아이가 열심히 했다고 모든 학급 학생들에게 스티커를 주게 하였습니다. 그 학생이 위험한 행동을 하지 않았을 때는 담임 선생님이 무한 칭찬과 더불어서 그 아이의 이야기를 들어주는 상담을 실시하였습니다. 그 아이가 위험한 행동을 하면 상담을 해 주지 않고 개인적으로 불러서 혼을 내고, 위험한 행동을 하지 않으면 친구들 앞에서 무한 칭찬과 함께 선생님과 상담을 할 수 있는 기회를 주었습니다. 위와 같은 담임 선생님의 반복적인 노력을 통해서 그 아이는 아주 천천히 선생님을 당황하게 하는 아이가 아니라 선생님에게 다가오는 아이로 변해 갔습니다.

선생님을 당황하게 하는 아이들을 교육적으로 변화시키는 저의 방법은 어떻게 보면 간단합니다. 아이들은 관심을 받고자, 사랑을 받고자 위험한 행동을 한다고 생각하여서 위험한 행동을 했을 때는 제지하거나 상담하는 것이 아니라 개인적으로 데리고 가서 혼쭐을 내고, 위험한 행동을 하지 않았을 때는 아이들 앞에서 무한 칭찬과 함께 담임 선생님과 상담을 하게 함으로써 내가 위험한 행동을 하지 않아도 친구와 친하게 지낼 수 있고 선생님에게 인정받을 수 있다는 것을 느낄 수 있게 하는 것입니다.

위험한 행동을 하는 아이들은 관심을 받고, 사랑받고자 한다고 가정한 나의 교육적 방법은 지금까지 선생님 앞에서 욕을 하거나 기물을 파손하는 아이, 하루 종일 우는 아이 등등 흔히 학교에서 제일 문제아로 불리는 아이들에게는 아주 효과적이었으며, 그 아이들의 많은 변화를 이끌어 내었습니다.

그러나 요즘 저는 지금까지와는 다른 문제로 고민하고 있습니다. 선생님을 당황하게 행동하는 아이들은 관심과 사랑받고자 해서 행동한다고 가정하였지만 또 다른 유형의 아이들을 만나게 되었습니다. 그 아이들은 부모님과 선생님에게 사랑을 듬뿍 받아서 자신에 대한 관심과 사랑에 큰 기대가 없는 것 같습니다. 이 아이들은 친구들과 장난하고 싶어 하는 에너지와 친구와 과격하게 노는 에너지를 어떻게 표현할지 모르는 친구들 같습니다. 이 아이들은 친구들과 소통하는 방법을 몰라서 친구에게 욕을 하거나 친구를 놀리거나 과격한 행동으로 선생님을 당황하게 하고 있습니다.

현재 저는 친구와 소통하는 방법을 잘 모르는 친구들에게 앞에서 사용하였던 방법, 즉 잘못을 하면 개인적으로 불러서 크게 혼을 내고, 잘못을 하지 않으면 전체 앞에서 칭찬을 크게 하는 방법을 사용하고 있습니다. 그러나 이 방법만으로 효과를 보기 힘들어서 매일 아침과 점심에 상담을 하고 있습니다. 이 아이들은 아침에 "오늘은 친구들과 싸우지 않고 잘 지내겠다."고 다짐을 하지만 1교시가 지나면 그 다짐을 잊어버리고 자신의 안 좋은 습관이 나와서 친구들과 싸우고 있는 실정입니다. 그래서 하루에 저와 두 번씩 만나서 친구와 사이좋게 지내겠다는 다짐을 하고 있습니다. 하루에 두 번씩 만나서 다짐함으로써 친구들을 괴롭히거나 폭력을 사용하는 것은 현저하게 줄어들었습니다. 그 이유를 생각해 보면, 만약 선생님과 약속한 그 다짐을 어기게 되면 반성문 작성과 쉬는 시간 타임아웃 등과 같은 훈육을 두려워하기 때문인 것 같습니다.

그러나 위와 같은 방법은 그 아이들이 지나친 장난이나 폭력을 하지 못하게 하는데는 효과가 있지만 학급 친구들과 제대로 소통하는 방법을 배우고 있지 못한다는데 그 한계를 가지고 있는 것 같습니다. 그 아이들을 위해서는 지금까지 자신들이 하고 있는 과격한 소통방법이 아니여도 친구들과 잘 어울릴 수 있는 방법이 있고, 그런 방법을 사용하면 학급 친구들이 자신과 잘 놀아준다는 것을 자연스럽게 알게 하는 방법을 말하고자 합니다.

제가 사용하고자 하는 방법은 학생들의 자존감과 자긍심을 키우는 '긍정교육'을 학급에 도입하는 것입니다. 긍정교육은 긍정심리학의 이론에 근거한 것으로 사전-사후 검사를 통해 교육 전후의 교육적 효과도 함께 증명할 수 있습니다. 긍정교육 프로그램을 소개하면 다음과 같습니다. 친구 이름 찾기 빙고게임하기, 친구와 하브루타 주사위 놀이하기, 친구와 가위, 바위, 보를 통한 우정 나누기, 친구와 우정 음식 만들기, 친구의 강점에 격려하기 등의 프로그램을 사용하여 친구들과의 소통을 자연스럽게 증진하고 자신의 자존감과 자긍심을 높이는 교육입니다.

긍정교육 프로그램은 몇 차례의 현장 교육을 통해서 회복탄력성이나 학생의 행복감을 증진하는 것에는 유의미한 결과를 도출하였지만 위와 같은 아이에게 효과적인지는 아직 교육을 하지 않은 상태에서 단언할 수 없습니다. 그러나 지금까지의 교육적 경험에 비추어서는 교육적 효과를 거둘 수 있다는 희망을 갖고 긍정 교육프로그램을 실행해 보고자 합니다.

굼벵이가 아름다운 매미로 우화(羽化)하기를 바라며

개미와 베짱이 이야기는 누구나 알고 있는 이야기이다. 봄, 여름, 가을에 열심히 일한 개미는 넉넉한 양식을 준비하여 따뜻한 겨울을 보내고, 봄, 여름, 가을을 놀면서 보낸 베짱이는 굶어 죽는다는 이야기이다. 개미와 베짱이 이야기는 젊은 시절에 열심히 일하면 늙어서 편하게 살 수 있다는 삶의 지혜를 전하고 있다. 개미와 베짱이 이야기는 산업화 시대에 어울리는 이야기지만 열심히 일하는 일반 직장인(개미)보다 다른 사람들이 보기에 열심히 일하지 않지만 창의적 활동을 하는 예술가(베짱이)들이 더 여유롭게 사는 세상에서 살고 있는 젊은이들에게는 이해하기 힘든 이야기 같다. 개미와 베짱이 이야기도 논의할 이야기가 많지만 여기서 나는 개미와 매미의 이야기를 하려고 한다. 나는 나의 글이 많은 선생님들의 적극적 응원을 받으면 좋겠지만 그런 호사는 나에게 어울리지 않고, 나의 실력으로는 감히 꿈꿀 수 없는 것이라 생각한다. 늘 그렇지만 나의 글은 많은 선생님들을 위한 것이 아니라 나의 교육방식을 응원하는 몇몇 선생님들을 위한 글이다.

누구나 잘 알고 있는 것처럼 개미는 항상 바쁜 곤충이다. 잠시도 가만히 있지 않고 분주하게 움직이고, 협동의 대명사처럼 서로 힘을 합하여 먹을 것을 찾고 적으로부터 자신들을 보호하면서 생존한다. 그에 반하여 매미는 유충인 굼벵이 생활만 5년~17년을 한 후에 땅 위로 올라와서 사랑을 찾기 위해 노래를 부른다. 매미는 2주 동안 사랑 여행을 하는 동안 먹지도 않고 오직 울기만 한다. 그 사랑 여행이 끝나는 날 다시 흙으로 돌아가면서 아름다운 삶을 마감한다.[21] 나는 여기서 매미의 일생을 이야기하고자 하는 것이 아니라 개미와 매미의 삶의 비교를 통해서 교사의 삶의 방향에 대해서 한 번쯤 생각해 보려고 하는 것이다.

우리는 개미처럼 열심히 일하는 사람을 칭찬하고 그 사람을 칭송한다. 특히 선생님들은 아이들을 위해서 열심히 공부하고 가르친다. 다른 사람들이 철밥통의 직장에 다닌다고 야유를 보내기도 하지만 대부분의 선생님들은 그들의 야유와 상관없이 묵묵히 자신의 일, 즉 아이들을 사랑하고 아이들을 가르치는 일에 집중한다. 나는 26년의 교직 생활동안 내 주변의 많은 선생님들이 돈이나 명성과 관계없이 아이들을 위해서 헌신하는 모습을 늘 보아왔다.

---

21. EBS 지식채널 나는 울지 못합니다. 지식 English 2 - Unit 99. 나는 울지 못합니다_#001 - YouTube (검색일 : 2020년 12월 27일)

그렇게 아이들에게 헌신하지 않아도 그렇게 아이들에게 열심히 가르치지 않아도 봉급을 받는데 문제가 없지만 선생님들은 열심히 준비하여서 아이들을 가르쳤다. 그와 같은 작업은 그전에도 그랬고 지금도 여전히 이어지고 있다.

개미와 베짱이의 삶을 사람에게 적용해 보면, 선생님은 베짱이보다 개미에 가까운 것 같다. 나의 주위에서는 베짱이 같은 선생님을 본 적이 거의 없고, 아이들을 위해서 자신의 삶을 헌신하는 개미와 같은 선생님들의 모습을 많이 보아왔다. 개미와 같이 열심히 아이들을 위해 교육하는 선생님의 삶은 박수 받아서 마땅하다. 그리고 선생님들 사이에서도 열심히 수업을 준비하고 열심히 가르치는 선생님은 당연히 인정받아야 하고 존경받아야 한다. 나는 여기서 나의 교육방식을 응원하는 선생님들에게 제안하고 싶은 것이 있다. 선생님은 가르치고 배우는 일에 개미와 같이 열심히 노력하는 삶을 넘어서 매미와 같은 선생님의 삶을 살기를 제안한다.

선생님이 개미처럼 사는 것은 분명 존경받고 칭송받을 일이다. 그러나 나는 선생님으로서 개미보다는 매미의 삶을 선택하고 싶다. 왜냐하면 개미는 늘 바쁘기 때문이다. 개미가 늘 바쁜 것이 분명 나쁜 것은 아니지만 아쉬운 점이 있다. 개미는 먹이를 찾아서 여기저기를 찾아다니고 집을 보호하기 위해서 작은 흙을 옮기는 일로 분주하다. 개미는 늘 바쁘게 움직이는 미덕은 있으나 내가 왜 바쁘게 움직이어야 하는지 모르고 그냥 분주하고 여기저기를 다니는 것 같다. 개미의 삶의 모습을 선생님들의 삶에 대입하면 생각할 것이 많다. 선생님은 수업 준비와 아이들의 생활지도를 하면서 늘 바쁘게 움직이지만 그것만으로 선생님의 미덕이 될 수 없을 것이다. 왜냐하면 선생님의 교육적 열정이 개별적 수준에서 머물러 있기만 한다면, 그 선생님의 열정은 선생님이 생각과 했던 것과는 전혀 다른 방향으로 진행될 수 있기 때문이다. 이런 현상은 선생님들이 교육현장의 문제 해결에 더 많은 관심을 두고 그것이 근거하고 있는 교육의 이론에 덜 신경 씀으로써 생기는 것 같다. 예를 들면, 서울을 가야 하는데 열심히 너무나 열심히 부산으로 달려간다면 그 사람의 열정은 무시되어서는 안 되지만 참으로 안타깝기 때문이다. 물론 교육이론만을 강조한다면 뜬구름 잡는 것과 다를 바 없으므로 선생님은 교육이론과 교육현장의 적용이라는 두 가지의 커다란 축을 항상 생각하면서 교육하는 것이 중요하다.

선생님의 꾸준한 노력과 교육적 열정이 미덕이 될 수 없는 개인적인 예를 들어 보겠다.

나는 아침 자습의 내용으로 사자소학과 초등학생에게는 어려운 한문 명언을 외우게 한 적이 있다. 선생님으로서 나는 아이들에게 한자를 가르치려고 한 것이 아니라 제대로 된 한문을 아이들이 조금이나마 알게 하고 싶은 교육적 열정을 가지고 있었다. 우리반의 학생들은 어렵지만 의미가 있는 한문 명언을 외웠고, 많은 학부모님들에게 감사의 인사를 전해 들었을 때는 나의 교육적 열정이 결실을 맺는 것 같아서 선생님으로서 너무나 자랑스러웠다. 그러나 우연한 기회에 몇몇 학부모님들이 자신의 자녀들이 한문 명언을 너무 어려워하고 다음 학년에 가면 한문을 하고 싶지 않아하며, 심지어 한문을 싫어하게 되었다는 이야기를 듣게 되었다. 그 학부모님들의 이야기를 무시할 수 있었지만 나에게는 많은 생각을 하게 하는 내용이었다. 나는 학부모님들의 항의성 이야기를 들으면서 선생님 개인의 교육적 열정이 좋을 때도 있지만 그 방향이나 교육과정 그리고 학생들의 연령별 수준을 고려하지 않을 때 생기는 부작용을 생각하게 되었다.

여기서 내가 주장하는 것은 선생님의 교육적 열정과 철학을 가지고 아침 자습을 하지 말라는 뜻이 아니다. 선생님의 교육적 열정으로 어떤 교육내용을 실시한다면 최소한 그 내용을 교육 이론적으로 설명할 수 있어야 하며, 선생님 개인의 교육적 열정이 아니라 학급의 학생들을 고려한 교육과정이 필요하다는 것이다. 내가 아침 자습에 한문 명언을 열심히 실시한 것은 비난받을 일은 아니다. 다만 아침 자습에 한문 명언을 하는 것이 학생들에게 어떤 효과가 있는지에 대해서 이론적 검토 없이 실시하여 선생님의 열정으로 학생들을 그 열정에 동참하게 했다는데 아쉬움이 있다는 것이다.

저경력 선생님을 만날 때 내가 그들에게 묻는 단골 질문은 아침 자습으로 무엇을 하는가이다. 내가 만난 많은 저경력 선생님들은 일주일 동안 아침 자습으로 책읽기를 3일 이상 실시하며, 나머지는 학교에서 정한 방송조회나 스포츠클럽으로 아침자습을 하고 있었다. 선생님들에게 책 읽기를 왜 아침 자습에 많이 하느냐고 질문했을 때 선생님들은 제가 어렸을 때 책을 많이 읽었더니 좋았고, 많은 분들이 책을 읽으면 좋다고 하기 때문에 실시한다고 대답하였다. 나 역시 책 읽기의 효과를 부정하고 싶은 생각은 없다. 그러나 아침 자습으로 책 읽기를 한다면, 책 읽기 효과에 대한 논문이나 자료들을 참고하여서 계획을 수립할 필요가 있다. 기회가 된다면 마음을 열고 이야기 할 수 있는 동료나 동학년 선생님과 허심탄회하게 이야기하는 것도 좋을 것 같다.

많은 저경력 선생님들의 아침 자습 내용이 학생들의 의견이 반영된 것이 아니라 선생님이 자신이 학생 때 좋았던 내용으로 구성할 때가 많은 것 같아서 아쉽다. 많은 선생님들은 자신이 학생이었던 시절에 책 읽는 것을 좋아했던 것 같다. 개인적으로 아침 자습의 내용을 선생님이 원하는 내용으로 하지 말라는 뜻이 아니라 선생님이 원하는 것과 학생들의 원하는 것을 조화롭게 구성하면 더 좋을 것 같다.

개인적으로는 월요일 아침 자습은 학급 모든 학생들이 참여할 수 있는 게임, 모둠별 알까기 대회, 모둠별 풍선 띄우기 대회, 모둠별 보드게임 대회 등을 개최하는 것이 좋을 것 같다. 이와 같은 활동을 월요일 아침 자습으로 한다면, 학생들은 학교에 가면 친구들과 함께 놀 수 있는 게임을 할 수 있다는 즐거운 마음으로 월요일에 등교할 수 있을 것이다. 월요일 아침 자습은 학생들이 즐겁게 등교할 수 있는 모둠별 놀이 게임을 하고, 화요일과 수요일을 선생님이 추구하는 교육적 활동(예를 들면 책읽기 등)을 실시하고, 목요일이나 금요일에는 학생들과의 민주적인 학급회의를 통해서 우리반이 할 수 있는 아침 자습 내용을 함께 만들어 가는 것도 좋을 것 같다. 아침 자습에 긍정심리학에서 이야기하는 그릿을 통한 활동이 가미가 된다면 더욱 좋을 것이다. 그릿은 어떤 역경이 닥치더라도 이겨내어서 기필코 그 과업을 해내는 것이다. 그러므로 모둠별로 연극, 역할극, 댄스곡, 합창, 식물기르기, 봉사활동 등을 구성하여서 학생들의 그릿을 기를 수 있다면 좋을 것이다.

내가 사랑하는 제자님들과 나의 교육방식을 응원하는 저경력 선생님들이 아름다운 사랑의 노래를 부르기 위해서는 적게는 5년, 많게는 17년을 땅속 굼벵이 시절을 보내야 할 것이다. 그러나 이 같은 매미의 마음으로 이제 막 시작한 험난한 선생님의 길을 꿋꿋이 걸어간다면 머지않은 날에 자신의 학생들에게 아름다운 교육의 노래를 부르는 멋진 선생님으로 우화(羽化)되어 있으리라 굳게 믿는다. 마지막으로 도종환 시인의 매미를 적으면서 이 글을 마치고자 한다.

매미 도종환

누구에게나 자기 생의 치열하던 날이 있다.

제 몸을 던져 뜨겁게 외치던 소리 소리의 몸짓이 저를 둘러싼 세계를 서늘하게 하던 날이 있다.

강렬한 목소리로 살아 있기 위해 굼벵이처럼 견디며 보낸 캄캄한 세월 있고
그 소리 끝나기도 전에 문득 가을은 다가와 형상의 껍질을 벗어 지상에 내려놓고
또다시 시작해야 할 가없는 기다림 기다림의 긴 여정을 받아들여야 하는 순간이 있다.

선생님과 학부모의 교육적 견해가 마주치는 지점에서

초등학교 선생님이 된 제자를 만났다. 그 제자가 교육대학에서 면접시험을 치를 때, 초등학교 선생님이 되는 이유를 초등학교 담임 선생님이었던 김광수 선생님과 같은 선생님이 되고 싶어서 춘천교육대학교에서 진학하였다고 말했다고 하니 부족한 나에게는 너무나 큰 영광이면서 동시에 커다란 부담감을 안겨 주는 제자이다.

이제 막 선생님이 된 제자의 학교생활에 대해서 이런저런 이야기를 하던 중에서 자신이 요즘 가지고 있는 고민을 이야기하였다. 학생 상담으로 담임을 찾아온 학부모가 예전 선생님은 공부한 내용을 정리하는 방법을 알려 주었으나 올해는 공부 노트 정리하는 시간이 따로 없어서 아쉽다고 하였으며, 담임 선생님이 공부 노트를 정리하는 시간을 주었으면 좋겠다는 내용이었다.

학부모의 입장에서 보면, 아이의 학습력을 높이기 위한 학습 노트 정리는 당연한 교육적 요구라고 생각한다. 그러나 선생님의 입장에서 보면, 부모님의 요구를 한없이 들어줄 수가 없다. 한 학생만을 가르치고 있다면 부모의 주장을 들어 줄 수 있을 것이다. 그러나 20명 이상의 아이들을 가르치는 선생님 입장에서 모든 부모님의 요구를 들어주는 것은 현실적으로 불가능하다. 이 문제가 제자 선생님에게 더 심각하게 다가왔던 것은 그 부모님의 교육적인 요구를 들어주어야 할 것 같지만 자신의 교육적 생각과 많이 다르기 때문에 생긴 것이었다. 자신은 학생들이 수업의 내용을 적는데 시간을 보내기보다는 수업에 집중하는 것이 더 교육적이라고 생각하기 때문이다. 이와 같은 이유로 제자 선생님은 자신의 반 학생들에게 공부 노트 정리를 시킨다면 자신의 교육 철학에 정면으로 위배되는 것이라고 생각하였다.

이 경우는 선생님의 교육적 처방과 학부모의 교육적 요구가 서로 다르지만 분명 아이의 교육을 위한 방법이라는 공통점을 가지고 있다. 교육은 어느 하나의 방법만 옳은 것이 아니기 때문에 다양한 교육적 방법을 고민해 보아야 하고 그중에서 선생님의 수준에서 최고의 것을 취사선택하여야 한다. 선생님들은 학부모의 말도 안 되는 비교육적 요구에 대해서는 단호히 거절해야 하지만 이 경우와 같은 학부모의 정당한 교육적 요구에 귀 기울여야 하며, 학부모의 교육적 요구 대신에 자신의 교육적 처방을 아이들에게 적용하더라도 최소한 선생님의 교육적 처방은 학부모가 이해할 수 있도록 설명할 수 있어야 한다.

학부모가 이해할 수 있는 정도로 설명하기 위해서는 교사 자신의 경험이라는 개별성에 의존할 것이 아니라 많은 사람들이 이해할 수 있도록 논문이나 선생님들의 교육사례집을 인용하여 설명함으로써 일반성을 확보하는 것이 중요하다. 예전과 다르게 학부모들은 선생님이라는 이유로 교직의 전문성을 인정하는 경우는 아주 드문 것이 슬픈 현실이다. 이와 같은 학부모들에게 나의 교육 철학을 설명하기 위해서 전문적이고 일반화 할 수 있는 설명이 필요할 것이다.

이 글을 읽는 선생님이라면 어떻게 이 문제를 해결할 것인가? 수업 노트를 적게 해 달라는 학부모의 교육적 요구와 수업 노트보다는 수업에 집중하게 하는 것이 더 중요하다는 선생님의 생각이 마주치는 지점에서 선생님은 어떤 결정을 내리는 것이 옳은 것인가? 이 글을 읽는 선생님들은 1년밖에 안 된 선생님부터 많은 경험을 가진 선생님들 모두 이 문제를 고민했을 것이며, 이것에 대한 나름대로의 해법을 가지고 있다고 생각한다. 선생님의 개인적 경험만이 아니라 많은 선생님들이 공감하며, 나의 제자도 따라 할 수 있는 방법을 무엇인가?

학부모의 교육적 요구와 선생님의 교육적 처방이 마주하는 문제는 교육 현실에서 많이 볼 수 있다. 학생들에게 일기를 쓰게 하는 문제, 학생들에게 책을 읽고 독후감을 쓰게 하는 문제, 학생들의 문해력을 높이기 위해 받아쓰기를 하는 문제, 학생들의 의지와는 상관없이 구구단을 외우는 문제 등이 있다.

나는 위의 문제에 대해서 나 나름대로의 해법을 제시할 수는 있다. 하지만 그 해법 역시 김광수라는 개인의 수준에 머무는 것보다는 이 문제를 '논의의 장'에 올려놓은 것이 더 좋을 것이라고 생각한다. 이 문제에 대해서 격렬하게 논의하는 동안 선생님들 각자는 자신의 수준에 어울리는 해법을 찾을 것이라고 생각한다. 비록 그 해법이 완성된 것은 아니지만 논의하기 전보다 더 좋은 해법이 나올 것이라고 기대한다.

선생님과 학부모의 교육적 견해가 마주치는 지점에서 논의할 것

1. 받아쓰기(예시)

1.1 찬성 : 아이들의 문해 교육을 위해서는 약간의 강제성 있더라도 받아쓰기를 학교에서 실시하는 것이 옳다.

1.2 반대 : 아이들의 문해 교육을 위하는 것은 좋지만 아이들의 인권을 위해서 선생님의 강제적인 받아쓰기는 반대한다.

지금까지 받아쓰기는 교육현장에서 1~2학년이면 당연히 해야 하는 것으로 여겨져 왔지만 요즘은 학생의 인권 문제가 제기되면서 받아쓰기를 실시하는 1~2학년 선생님들이 매우 조심스럽게 접근하고 있다. 어떻게 진행하면 문해교육과 학생 인권 존중의 두 마리 토끼를 잡을 수 있을 것인가? 여기에 대한 선생님의 의견은 무엇인가요?

2. 기초학력 진단검사 실시(예시)

2.1 찬성[22] : 기초학력 상태가 심각하므로 기초학력 진단검사가 필요하다.

조희연 서울시 교육감은 기초학력 진단검사가 1등을 판별하기 위한 조사가 아니라 기초학력이 낮은 학생들을 조기에 발견해 최적의 지원을 제공하기 위한 것이라 말했다. 그리고 진단 결과가 학교 외부로 노출되거나 악용되는 등 예상하지 못한 부작용이 없도록 하겠다고 주장하였다.

2.2 반대[23] : ' 지원' 없는 '진단' 강화 학업성취도평가 우려

서울시교육청이 내년부터 초등학교 3학년과 중학교 1학년에 다니는 모든 학생의 기초학력 진단을 골자로 하는 2020년 서울 학생 기초학력 보장방안을 발표했다. 전교조 서울지부는 '지원'이 아닌 '진단'을 앞세운 기초학력 보장방안은 사실상 학업성취도평가 부활이라는 말로 우려를 나타냈다.

---

22. YTN 뉴스(2019년 9월 5일) : https://www.ytn.co.kr/_ln/0103_201909052246253126 (검색일 2020년 12월 10일)
23. 교육희망 기사(2019년 9월 5일) : http://news.eduhope.net/sub_read.html?uid=21655§ion=sc18§ion2=종합보도 (검색일 2020년 12월 10일)

어린왕자와 서울 삼성병원

오랜만에 학교 도서관에서 「어린왕자」를 빌려왔다. 내가 「어린왕자」를 읽을 때는 나의 마음 상태가 초심을 잃고 흔들릴 때이다. 나는 「어린왕자」를 읽을 때마다 새로운 느낌과 생각이 들며, 나의 삶에 대해서 다시 한 번 다짐하는 기회를 갖는다. 나의 이런 노력은 한두 번에 그친 것이 아니므로 내가 「어린왕자」를 읽은 것은 수십 번이 넘을 것이다.

책으로서 「어린왕자」가 나에게 삶의 초심을 다 잡아 주는 것이라면 장소로서 서울 삼성병원은 나에게 인생에 대한 감사함과 앞으로 살아갈 삶의 방향에 대해서 다시금 생각하게 하는 곳이다.

2019년은 나에게 커다란 삶의 전환점을 준 한 해였다. 죽을 수 있는 암과 같은 큰 병은 아니었지만 가슴의 흉골을 절개하는 심장 판막 수술을 서울 삼성 병원에서 받았다. 수술을 받고 나서 중환실과 일반 병실에 있던 나의 모습은 참 험악했다. 그 때는 수술한 부위에서 나오는 피를 받기 위해 피 주머니를 차고 다녔으며, 나 혼자 할 수 있는 일은 거의 없었다. 내가 할 수 있는 일은 무기력하게 누워서 TV를 바라보는 일이었다. 그 때는 살아 있음에, 걸어 다닐 수 있음에 감사하던 시절이었다. 그리고 잠시 잊고 있었던 아내에 대한 사랑을 다시 한 번 느낄 수 있는 감사한 시간이었다.

재미있는 이야기를 하면, 나는 酒(술 주)님을 좋아하는 사람이었다. 그러나 심장 판막 수술 후에는 혈전이 굳는 것을 감소시키는 '와파린'을 먹게 되어서 酒님을 멀리해야 하는 슬픈 현실을 마주하고 있다. 남들은 건강을 되찾게 되어서 좋겠다고 하고, 자연스럽게 酒님을 멀리하게 되어서 좋겠다고 하지만 개인적으로는 너무 안타깝다. 그래서 나는 지인들에게 "안 아플 때 酒님을 많이 영접하세요."라고 웃프게 이야기한다.

나는 '와파린'을 처방받기 위해서 3개월에 한 번씩 서울 삼성병원에 간다. '와파린'만 받으려면 가까운 지방 병원을 가도 되지만 동해에서 먼 곳인 서울 삼성병원에 가는 이유는 수술 당시에 나를 생각하고, 나의 삶을 반추하여서 더 나아갈 수 있는 힘이 생기기 때문이다.

일반 개인으로서 김광수뿐만 아니라 선생님으로서 김광수에게도 「어린왕자」와 서울 삼성 병원에는 큰 의미가 있다. 「어린왕자」는 늘 나에게 선생님으로서 부끄럽지 않게 살겠다는 다짐과 아이들을 행복하게 하는 선생님이 되겠다는 초심을 다시 한 번 생각하게 한다. 또한 서울 삼성 병원은 아이들에 대한 너그러움과 아이들을 가르칠 수 있는 건강을 가지고 있다는 감사함을 가질 수 있게 한다.

2020년이 시작되는 오늘 다시 한 번 「어린왕자」와 서울 삼성 병원을 생각해 보면서 나에게 기원한다.

"올해도 아이들과 행복한 선생님이 되기를 그리고 초심을 잃지 않고 늘 감사하는 선생님으로 생활하기를"

배운다는 것은 꿈을 꾸는 것

동해 중앙초등학교 벽에는 이상희 교무선생님과 동해 중앙초등학교 환경 미술 동아리 학생들이 그린 예쁜 그림과 함께 '꿈꾸지 않으면'의 노래 가사가 쓰여져 있습니다.

꿈꾸지 않으면

꿈꾸지 않으면 사는 게 아니라고 별 헤는 마음으로 없는 길 가려네.
배운다는 건 꿈을 꾸는 것 가르친다는 건 희망을 노래하는 것.

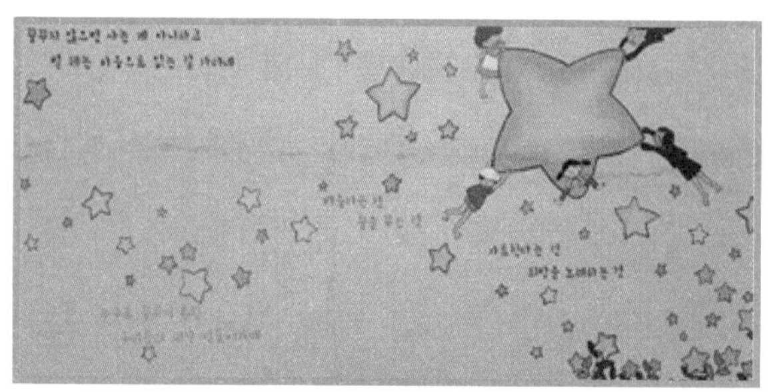

'꿈꾸지 않으면'의 노래 가사는 우리가 왜 학교에 다니고 있는지를 알려주고 있습니다. 이 노래에서는 '배운다는 건 꿈을 꾸는 것'이라고 하고 있습니다. 동해 중앙초 학생들은 각자 꿈꾸고 있는 자신의 꿈을 이루기 위해서 열심히 배우고 있습니다. 열심히 배우는 과정 속에서 여러분의 꿈은 조금씩 크고 있습니다. 그리고 선생님들은 여러분의 꿈이 완성될 수 있도록 도와주고 있습니다. 선생님들은 공부를 통해서 여러분의 꿈이 제대로 자랄 수 있는 삶의 영양분을 제공하고, 그 꿈이 제대로 완성될 수 있도록 사랑과 희망을 노래하고 있습니다.

수석선생님이 동해 중앙초 학생들 모두에게 기원합니다. 여러분의 꿈의 노래와 선생님들의 희망의 노래가 어우러져서 누구도 꿈꾸지 못한 여러분만의 아름다운 세상을 만들어 가시길 간절히 기원합니다.

- 2019년 동해중앙초등학교 학교 신문 원고

명예 퇴직서를 미리 쓰며

교직 생활을 시작한 것이 얼마 안 되는 것 같은데 교직을 시작한지 30년에 가까워지고 첫 제자들은 벌써 40살이 되어간다. 나의 교직 생활을 다시 되돌아보면 잘한 것보다는 아쉬움이 많이 남는 시절이었다. 교직 생활을 하는 동안 부족한 것은 많았지만 수치스럽게 생활하지 않은 것 같아서 다행이다. 비록 지금 와서 생각하면 미숙하고 아쉬운 점이 많았지만 그 시절 나의 수준에서는 최선을 다해서 아이들을 가르쳤다고 생각한다. 내가 교사 생활을 잘 했는가를 판단하는 것은 유보하더라도 두 명의 제자 주례를 서 주었고, 교대 면접시험에서 김광수 선생님 같은 선생님이 되고자 교대에 입학하고 싶다고 한 제자가 있었으니 나는 아주 실패한 선생님은 아닌 것 같다.

나는 이 글을 통해서 나의 교사 생활을 되돌아보는 것보다는 나의 교직 생활의 앞날에 대한 계획을 쓰고자 한다. 이 글을 쓰게 된 직접적 계기는 개인적으로 커다란 수술을 하면서 생겼다. 그 기간 동안 나의 교직 생활을 다시 되돌아보기도 했고, 나의 교직의 앞날도 생각해 보았다.

사전적으로 교사는 교사 자격증이 있는 모든 사람을 일컫는 말이며, 여러 직업 중에 한 가지를 지칭할 때 사용하는 단어이다. 사람들은 교사가 세상에서 가장 편한 직업이라고 하지만 실제로 학교에서 생활하는 교사에게 그 말은 동의하기 힘든 말이다. 다른 직업에 비하여 분명 편하고 장래가 보장된 직업이지만 학교에서 직접 교사가 되어보면 교직 밖에서 바라보는 것만큼 쉬운 직업은 아니다. 교수 출신인 서울시 조희연 교육감은 교육 여건이 비교적 좋은 서울시 소재의 고등학교에서 1주일간의 교사체험을 한 후에 학교가 붕괴되고 있음을 자인하였고, 그와 같은 환경에서 헌신하는 교사의 어려움을 이야기하였다.

어느 직업이든 그 직업 바깥 영역에 있는 사람들이 보기에는 쉬워 보여도 그 직업을 직접 체험해 본다면 쉬운 직업이 없을 것이다.

교사는 교사 자격증을 소지하고 있으며 자신의 일에 대해서 봉급을 받는 사람이다. 사람들은 교사와 선생님을 구별하지 않고 사용하고 있지만 나는 선생님은 교사 자격증만 있는 교사와 다르다고 생각한다. 선생님은 교사 자격증이 없어도 될 수 있다. 아이들을 기르는 부모님도 선생님이며, 학원 선생님, 돌봄 선생님들도 선생님이다. 누군가에게 배움을 전달하는 모든 사람이 선생님이 될 수 있다. 이 때 선생님은 일정한 보수를 받기도 하고 그렇지 않을 수도 있다. 그들의 공통점은 누군가를 가르친다는 것이다. 학교 선생님은 두 가지 모습을 모두 가지고 있다. 직업인으로서 교사이면서 동시에 아이들에게 배움을 전달하는 선생님이다. 교사는 자격증만 가지면 그 직위를 보장받지만 선생님은 가르치는 일에 대해서 헌신하는 사람이며, 그 헌신에 학생이 감응했을 때 진정한 선생님이 될 수 있다고 생각한다.

선생님은 개인의 노력에 따라서 좋은 선생님이 될 수 있다고 생각하며, 나는 선생님을 하는 동안 서투르고 부족함이 많았지만 그 시절 나의 수준에서는 최선을 다해서 좋은 선생님이 되려고 노력했다. 나는 훌륭한 선생님이 되고자 노력했지만 훌륭한 스승이 되는 것은 나의 노력 여부와는 별개인 것 같다. 개인적으로 스승은 많은 시간이 흐른 뒤에도 아이들 영혼에 닮고 싶은 선생님으로 아로 새겨지는 것이라고 생각한다. 나의 경우를 살펴보면, 나에게 선생님은 많았지만 나의 스승이라 생각되시는 분은 몇 분이 되지 않는다. 선생님들은 많은 아이들에게 스승이 되고 싶어 하지만 자신이 원한다고 스승이 되는 것이 아니다. 그러므로 내가 할 수 있는 일은 선생님을 그만 두는 순간까지 최선을 다해서 가르치는 일이며, 혹시 그런 과정 속에서 가르치는 아이가 나를 기억해 준다면 감사하고 고마운 일이라고 생각할 것이다.

교직을 시작할 때, 머리가 백발이면서도 꼬마 아이들과 신나게 춤을 추면서 정년을 맞이하는 선생님이 되는 것이 선생님으로서 나의 꿈이었다. 남들이 뭐라고 나에 대해서 이야기하든 상관없이 나는 최선을 다해서 아이들에게 꿈을 키울 수 있도록 교육했고, 그 꿈에 희망을 주는 선생님이 되기 위해 노력하고 있다. 그러나 지금의 나는 정년퇴직을 꿈꾸지 않는다. 능력이 부족해서 그만 두거나 교직에 대한 매너리즘에 빠져서 그만 두려는 것이 아니다. 내가 정년퇴직을 꿈꾸지 않고 명예퇴직을 하려는 것은 내가 교직에서 가졌던 많은 버킷 리스트를 완성했으며, 나의 많은 삶의 시간을 아이들을 가르치는데 쏟아 왔기에 지금 그만 두더라도 큰 후회가 없기 때문이다. 아이들을 가르치는 일도 아름다운 일이지만 이제는 나의 영혼을 다독이고 죽을 때 후회 없는 삶을 준비하는데 시간을 보내고자 한다.

이형기 시인의 낙화의 한 구절처럼 떠날 때를 알고 아름답게 떠나는 사람이고 싶다.

낙화 이형기

가야 할 때가 언제인가를 분명히 알고 가는 이의
뒷모습은 얼마나 아름다운가

봄 한 철 격정을 인내한 나의 사랑은 지고 있다

분분한 낙화 결별이 이룩하는 축복에 싸여 지금은 가야 할 때

무성한 녹음과 그리고 머지않아 열매 맺는
가을을 향하여 나의 청춘은 꽃답게 죽는다

헤어지자 섬세한 손길을 흔들며
하롱하롱 꽃잎이 지는 어느 날

나의 사랑, 나의 결별 샘터에 물고이듯 성숙하는
내 영혼의 슬픈 눈

가르치지 않는 학교

EBS에서 교육 대기획 〈다시, 학교〉를 방영하였다. 〈다시, 학교〉는 10부작으로 구성되어 있다. 특히 그중에서 1부 「가르치지 않는 학교」의 내용은 초등학교에서 아이들을 가르치는 선생님으로서 많은 생각과 고민을 안겨다 주었다. 「가르치지 않는 학교」는 사실에 입각하여 학교가 얼마나 무능한가를 지적하고 있다. "선생님에게 얻는 게 하나도 없는 기분? 학교에 다녀서 얻는 게 있나 이런 생각이 들 때가 많다"라고 하는 고등학교 2학년 학생의 인터뷰에서 선생님으로서 좌절감과 죄책감을 같이 느끼게 되었다. 나의 좌절감과 죄책감은 한 학생의 학교에 대한 생각만이 아니라 많은 학생들과 학부모가 현재 학교가 가르치지 않고 있으며, 심지어 학교가 불필요하다는 생각을 가지고 있다는데 그 이유가 있다.

선생님들에게 배울 것이 없다는 학생들의 생각은 어디에서 온 것인가? 선생님들이 제대로 가르치지 않아서 배울 것이 없다고 하는 것인가? 그러나 나는 이 질문에는 단호히 아니라고 대답할 수 있다. 내 주변의 많은 선생님들은 학생들을 잘 가르치기 위해 많은 시간 연구하고, 교과 연수를 통해서 끊임없이 배우고 있다. 선생님들은 학생들이 수업에 집중하지 않으면 수업의 문제점을 찾고자 애쓰며, 강의식 중심의 수업에서 벗어나 학생 중심 및 학생 활동 중심 수업을 위해서 자신을 수업을 바꾸고 있다.

2015 교육과정에서는 학생 중심 및 활동 중심 수업을 권장하고 있다. 학생 중심 및 활동 중심 수업의 장점은 교사의 지시가 아니라 아이들 스스로 이야기하고 배울 수 있어서 재미있고, 배운 지식을 응용하여 심화할 수 있는 장점을 가지고 있다. 이와 같은 학생 중심 및 활동 중심 수업은 여러 장점에도 불구하고 재미 위주의 수업이 되기 싶고, 학생들 위주로 지식 전달이 이루어짐으로써 학습결손과 오개념을 생성할 수 있다.

여기서 우리는 교육과정에 대한 깊은 논의가 필요하다. 핀란드는 2016 프로젝트 중심으로 교육과정을 운영하고 있고, 대한민국은 2015 활동 중심 교육과정을 운영하고 있다. 그러나 이와 같은 교육과정을 운영해 온 두 나라의 PISA 성적은 최상권의 성적에서 10위 밖으로 밀려나고 있다. 이에 반하여 지식 중심의 교육과정을 실시한 영국은 2009년에 20위이었던 PISA 성적이 2018년에 10위로 도약하는 성취를 보이고 있다.

우리가 생각하기에는 학생 중심 및 활동 중심으로 수업하는 것이 학생들에게 더 많은 배움을 줄 수 있을 것이라는 낭만적 기대를 하였지만, 결과를 보면 교육적으로 엄청난 실패를 가지고 왔다. PISA 성적이 좀 떨어진 것은 참을 수 있지만 2019년 세이브더칠드런 미디어팀에서 실시한 한국 초등학생 행복감 척도[24] 조사결과에서 22개국 중에서 19위라는 초라한 성적을 기록한 것은 너무나 가슴이 아픈 부분이다.

학생 중심 및 활동 중심으로 대표되는 교육과정의 실시로 학생들의 교과에 대한 흥미 및 지적 신장 그리고 학생들의 행복도 상승을 기대했던 아주 낭만적인 기대에 대한 깊은 고찰과 반성이 이루어져야 할 것이다. 그렇다고 학생 중심 및 활동 중심의 수업을 전부 버리고 지식 중심으로 다시 돌아가자는 것도 아니다. 각 교육과정의 장단점을 교육이론과 교육 방법적으로 철저하게 살펴보는 일이 중요하다는 것을 지적하는 것이다. 사실 이 문제는 선생님 한 개인의 생각으로 답할 수 있는 것도 아니고 교육계가 전체적으로 다시 고민하고 고민해야 할 숙제이다.

24. '한국 아동의 삶의 질에 관한 국제 심포지엄'에서 「지표를 통해 본 한국 아동의 삶의 질 2017-2019」 조사결과 발표

강요와 넛지 사이에서 길을 잃다

넛지는 사전적으로 '팔꿈치로 살짝 찌르다'라는 뜻이며, '어떤 일을 강요하기보다는 스스로 자연스럽게 행동을 변화하도록 하는 유연한 개입'을 말한다.[25] 넛지는 다양한 방면에서 유익하게 사용되고 있다. 넛지의 사용은 마냥 좋은 것 같지만 넛지가 가지고 있는 윤리적·철학적 문제를 생각해 보면 많은 논의가 필요하다.

나는 넛지를 교육적으로 사용한다. 예를 들면, 학생들에게 코로나바이러스 예방을 위해서 30초 동안 비누로 씻어야 한다는 지식과 바이러스 예방 동영상으로 가르친다. 학생들은 수업 내용을 너무나 잘 알고 있지만 30초 동안 비누로 손 씻기를 실천하는 경우는 거의 없기 때문에 학생들이 스스로 30초 동안 비누로 손 씻기 위해서 '세균 스탬프' 넛지를 사용한다. 이와 같은 넛지 활동은 많은 교사들이 실천하고 있다. 교사뿐만 아니라 세균 스탬프를 사용하는 학생들의 만족도 역시 매우 높다. 그러나 이런 넛지에 대한 실천은 윤리적·철학적으로 많은 논의가 필요하다. 왜냐하면 개인의 도덕적 자율성을 침해하여 손씻기를 강요하는 문제를 가지고 있기 때문이다. 이것을 학문 용어를 사용하여 이야기하면 자유의지 침해에 해당한다. 넛지가 학생들을 위한 행동처럼 보이지만 좋은 결과를 위해서 어떤 수단을 사용해도 되는 것처럼 보일 수 있다. 물론 이 경우는 경제적 이득이나 교사의 부당한 의도가 개입하지 않는 것이라고 항변해 보아도 학생들의 자유의지를 침해했다는 사실을 인정해야만 한다. 학생들의 자유의지 침해에 대한 논란은 엘리트주의에 그대로 적용된다.

글레이저(2012/2013: 52-53)는 넛지가 사람들에게 보다 이성적으로 사고하고 행동하도록 권유하는 일에는 관심이 없으며, 과학자, 정치인, 기업들과 같은 엘리트 집단이 대중의 비이성적인 행동 패턴을 알아내고 그에 따라 그들의 선택을 조종하는 데 관심을 가진다고 비판한다. 그는 넛지의 옹호자들이 여전히 선택의 다양성이 존재하기 때문에 넛지가 자유의지를 손상시키지 않는다고 주장하지만 설득의 기술이 자유의지를 능가하기 때문에 그 주장은 어림도 없는 말이라고 반박한다[26].

---

25. 다음 백과 사전 : https://100.daum.net/search/entry?q=%EB%84%9B%EC%A7%80
(검색일 : 2020년 12월 27일)
26. 강준만(2017), "왜 넛지 논쟁이 뜨거운가? 설득커뮤니케이션의 윤리에 대한 고찰", 『사회과학연구』, 56(2), 349-388.

넛지를 교육적으로 사용하는 교사가 보기에는 글레이저의 주장이 과도하게 넛지를 공격하는 것으로 보이지만 잘 따져 보면 그의 의견은 타당하다. 왜냐하면 교사는 학생의 생활 패턴을 너무나 잘 알고 조종할 수 있기 때문이다. 마치 학생들이 자율적 또는 민주적으로 행동하는 것처럼 보이지만 학생들의 행동은 그들의 자유의지를 능가하는 교사의 설득에 따라갈 수밖에 없기 때문이다. 마치 공이 미끄러운 비탈길을 따라서 흘러가듯이 학생들의 자유의지가 교사의 주장대로 따라간다.

지금 나의 생각으로는 '세균 스탬프'를 사용하여 학생들에게 손을 씻게 하는 것은 강압적인 것 같지도 않고 비교육적인 것 같지도 않다. 이와 같은 넛지 활동은 나 혼자만의 생각이 아니라 동료 교사들에게도 많은 지지를 받고 있다. 하지만 나의 교육 생활을 되짚어 보면, 내가 옳다고 생각하기에 아이들에게 스티커를 사용하여 한자 성어를 외우게 하였고, 심지어는 강요를 통해서 아이들의 학력을 높이기도 하였다. 그 시절 나의 교육적 목적은 분명히 아이들을 위한 것이었지만 지금 와서 생각해 보면 그 방법들에 많은 아쉬움이 남는다. 지금의 넛지 활동이 학생들을 위한 아주 좋은 방법 같지만 나중에는 무의미한 행동으로 치부될 수 있기 때문에 많은 논의가 필요하다. 열심히 하는 것은 아주 좋은 일이지만 그 성실함이 학생에게 문제가 될 수도 있기 때문에 이 문제는 깊이 고민해야만 한다. 어떤 일을 실천할 때는 꼭 명심해야 할 것이 '속도보다 방향'이라는 점이다. 내가 가고자 하는 방향과는 정반대의 방향으로 열심히 달리고 있지는 않는지를 끊임없이 성찰할 필요가 있다.

지금은 분명히 아이들을 위해서 교육적으로 넛지를 사용하는 것이 옳다고 생각하지만 넛지에 대한 교육적·철학적 비판을 무시하고 실천하는 것은 옳은 것인가? 교육실천가로서 내가 나의 교육방법의 방향에 대한 의문이 생긴다면, 내가 하고 있는 실천 방법을 잠시 멈추고, 가고 있는 방향에 대해서 생각해 보아야 한다. 마치 길을 잃은 여행자가 정신없이 걷던 걸음을 잠시 멈추고 북극성을 찾아보고 다시 방향을 찾아가는 것처럼 말이다.

교육실천가로서 내가 지금부터 할 일은 넛지의 자유의지 침해와 엘리트주의에 대한 넛지 관련 이론서와 논문을 찾는 것이다. 그리고 그 길을 알려 줄 이론가들에게 자문을 얻는 것이다. 넛지에 대한 이론으로 방향성을 찾고, 넛지에 대한 방법의 길로 다시 나설 필요가 있다.

넛지의 이론과 실천 사이에서 길을 잃어서 정신없이 헤매고 있는 나에게 말해 본다. "지금은 어디로 가야할지 그 방향을 모르지만 그대여 걱정 말아라. 늘 그러하듯이 교육 이론가의 도움으로 멋진 大路로 나갈 것이다."

시각장애인이 등불을 든 이유는

코로나 19가 창궐했던 2020년 2월에는 하루 확진자 수가 909명을 기록하였지만 5월 6일부터는 생활방역으로 전환하게 되었다. 그리고 초·중·고등학교는 온라인 개학에서 학교 단계별 등교를 실시하게 되었다. 생활방역과 학교 단계별 등교는 대한민국에서 코로나 19 확진자 수가 상당한 수준으로 경감하였기 때문에 가능한 일이었다.

위와 같은 변화속에서도 질병 당국은 싱가포르와 같은 집단 감염을 염려하고 있다. 한 때 싱가포르는 코로나 19 방역 모범국으로 꼽혔으나 등교 개학 이후에 확진자가 급속히 늘어났다.[27] 대한민국의 경우도 싱가포르의 전철을 밟지 않으려면 많은 준비를 해야 한다.

코로나 19의 백신이 개발되지 않는 상황에서 코로나 19를 예방하는 현실적인 방식은 크게 세 가지로 나눌 수 있다. 첫째 손 소독제를 철저히 이용하는 것이다. 둘째, 비누로 손을 깨끗이 씻는 것이다. 셋째, 마스크를 쓰는 것이다. 이 세 가지를 준수한다면, 코로나 19가 창궐하는 것을 조금이나마 늦출 수 있을 것이다.

긍정교육 연구회[28]에서는 교육적 넛지를 통한 손씻기 교육을 개발하였다. 이번에는 마스크를 왜 써야 하는가에 대해서 교수 · 학습 과정안을 개발하고자 한다. 마스크를 쓰는 것의 중요성은 의학적 경험으로 증명되어 있다. 마스크를 쓰지 않고 대형 교회 집회에 참석한 코로나 19 확진 31번 환자는 많은 사람을 감염시켰지만 코로나19 확진 17번 환자는 집에서도 마스크를 쓰고 있어서 추가 감염을 막았다. 이와 같은 경험 사례를 보면서 마스크를 쓰는 것이 얼마나 중요한지 알 수 있을 것이다.

감염병 바이러스는 비말(飛沫)로 전달되는 것뿐만 아니라 다양한 경로로 전파되기 때문에 마스크를 쓰는 것만으로 감염을 막을 수 없겠지만 자신의 비말(飛沫)이 다른 사람에게 전달되는 것을 막을 수 있을 것이다.

---

27. 연합뉴스 기사(2020년 5월 4일) : https://www.yna.co.kr/view/AKR20200504099300004?input=1179m (검색일 : 2020년 12월 30일)
28. 긍정교육 연구회 : https://cafe.naver.com/positivepsychology

이 수업에서는 다른 사람의 비말(飛沫)로부터 나를 보호하기 위해서 마스크를 쓰는 것이 아니라 다른 사람의 건강을 위해서 내가 마스크를 쓴다는 배려의 마음을 갖도록 구성할 것이다.

'시각장애인이 등불을 든 이유'라는 수업의 아이디어를 짧게 요약하면, 마스크는 나의 건강을 위해서 쓰는 것이 아니라 남의 건강을 위해 쓰는 것이다. 이 수업의 아이디어는 아래의 이야기에서 가져온 것이다. 이 이야기를 읽으면서 마스크를 쓰는 이유에 대해서 다시 한번 생각하는 기회가 되었으면 좋겠다.

시각장애인의 사랑

한 시각장애인이 등불을 들고 어두운 밤길을 걷고 있었습니다.

그때 지나가는 나그네가 물었습니다.

"아니, 앞도 안 보이는 사람에게 등불이 무슨 소용입니까?"

그러자 시각장애인이 말했습니다.

"이것은 나를 위한 것이 아니라

등불을 볼 수 있는 당신을 위한 것입니다.

등불이 있어야 당신이 나를 볼 수 있으니깐요."

- 탈무드 중에서 -

원격 교육의 광풍 속에서 그대들에게

2020년의 교육계는 코로나 19라는 전염병이 전 세계로 유행하면서 처음으로 온라인 개학을 선택하게 되었다. 온라인 개학이 있기까지 3번의 개학 연기를 통해서 선생님들은 학사일정과 2020년 학교 및 학년 교육과정을 계속해서 바꾸는 수고로움을 감당해야 했다. 선생님들을 더 힘들게 했던 것은 개학 연기가 2주 단위로 수시로 바뀌는 교육 당국의 지침들이었다. 이 글을 읽을 때는 2020년 1학기의 현실이 먼 이야기처럼 들릴 수 있겠지만 온라인 개학을 준비하는 2020년 1학기의 선생님의 마음은 혼돈 그 자체였다고 할 수 있다. 이와 같은 원격 수업이라는 광풍 속에서 서 있는 나의 사랑스러운 제자 선생님들을 위해 몇 자 적어 보고자 한다. 물론 나의 제자 선생님들은 자신들의 학생들에게 좀 더 좋은 자료를 제공하기 위해서 노력하고 있다. 그들의 능력을 의심해서 이 글을 쓰는 것이 아니라 광풍과 같은 원격 수업에서 조금은 떨어져서 현재의 당면한 문제가 아니라 좀 더 본질적인 눈으로 바라보기를 바란다. 이와 같은 스승의 마음이 혹시나 잔소리 같더라도 용서해 주길 바라며 쓰는 것이다.

교육부가 제대로 준비되지 않은 온라인 개학을 실시한다고 발표하면서 교육 현장은 어디로 가야 할지 모르는 혼란의 연속이었다. 이런 모습은 선생님뿐만 아니라 교육 당국자들도 역시 마찬가지였다. 교육부는 선생님들이 자율적인 온라인 소통을 바탕으로 원격 수업 실행과정에서 나타날 수 있는 예측 불가능한 문제점을 찾고, 이를 해결하는 집단지성 사례가 만들어지기를 기대한다는 미사여구를 사용하였지만 결국은 온라인 수업의 모든 책무를 선생님 개인들에게 떠넘겼다.

코로나 19로 인하여 온라인 개학을 맞이하게 된 선생님들은 학생들을 위해서 자체적으로 온라인 개학을 준비하는 등 헌신적인 모습을 보였다. 선생님들은 줌과 같은 프로그램으로 쌍방향 수업이나 선생님들의 협력을 통해서 새로운 학습 콘텐츠(클래스팅이나 e-학습터 등)를 만들어 나가기도 하였다. 그중에서 개인적으로 인상 깊었던 것은 코로나 19의 피해가 가장 심했던 대구 지역의 선생님들이 협력하여 만들었던 '학교가자 닷컴'이었다. 대구의 선생님들은 자발적으로 학습 TF팀을 구성하고 3월 2일부터 매일 매일 1~6학년에 맞도록 학습 콘텐츠를 제공하는 사이트를 만들었다.

많은 선생님들의 교육적인 노력에도 불구하고 교육 현장은 혼란의 연속이었다. 왜냐하면 선생님들은 수업을 잘하는 분들이지 학습 콘텐츠를 잘 만드는 사람이 아니기 때문이다. 선생님은 수업을 어떻게 구성해야 하는지는 잘 알고 있지만 그 수업을 수행하기 위해서 그림, 자료, 동영상 자료 등을 스스로 제작해야 하는 것은 새로운 도전이고 과제였다. 선생님을 도와주어야 할 교육부나 시도 교육청은 첨단 스마트 기계를 가지고 아이들과 쌍방향 수업을 하는 선생님과 멋지게 화상 수업을 하는 선생님의 모습을 언론에 공개함으로써 다른 선생님에게 '나도 저렇게 수업을 해야 하는가' 하는 부담감을 안겨다 주었다. 이와 같은 상황에서 많은 선생님들이 계속적으로 내려오는 두서없는 공문으로 혼란함을 겪었으며, 젊은 선생님들이 스마트 기계로 수업을 구성하는 것과 새로운 사이트를 찾는 것을 보고서 '나도 저렇게 해야 하는가' 하는 불안감을 갖게 되었다. 그리고 내가 많은 것을 준비해야만 나의 제자들에게 뭔가를 더 줄 수 있을 것이라는 사명감으로 인하여 많은 고민을 하고 있다. 이 고민은 원격 수업이 끝나는 날까지 계속될 것이다.

수석선생님으로서 나는, 내가 원격 수업의 구원자도 아니고 선생님들의 문제를 해결할 수 있는 위치에 있는 사람도 아니다. 단지 10년 전에 지금의 원격 수업과 같은 형태의 사이버 가정학습을 몇 년 동안 실시해 보았고, 사이버 가정학습이라는 훌륭한 학습 콘텐츠가 교육 당국과 많은 선생님의 헌신적 노력에도 불구하고 교육 현장에서 사라지는 것을 직접 체험한 사람이다. 그리고 미래 사회에서 꼭 필요한 교육이라고 부르짖던 스마트 교육, 디지털 교과서, 거꾸로 학습이 교육 당국의 전폭적인 지원에도 불구하고도 소리 소문 없이 사라지는 것을 목격한 사람으로서 내가 좋아하는 제자들에게 코로나 19로 찾아온 원격 수업의 광풍 속에서 어떻게 대처하면 좋을까 하는 점을 개인적으로 이야기하고자 한다.

원격 수업의 광풍 속에서 선생님들은 선생님 개인적인 노력 또는 선생님의 학습공유 사이트를 통해서 온라인 수업을 준비하고 있다. 그러나 이러한 헌신적인 선생님들의 노력에도 불구하고 선생님들은 계속적인 어려움에 봉착하고 있다.

그 어려움은 선생님들의 노력으로 만들어진 학습 공유 사이트가 좋기는 하지만 그것만으로 온라인 수업하기에는 학습 콘텐츠가 너무나 부족하고, TV에서 실시하는 몇몇 선생님들의 쌍방향 수업은 기술 장비와 선생님 개인의 컴퓨터 능력으로 일반화하기 힘들다는 점에 기인한다.

선생님들의 입장에서 볼 때 학습공유 사이트를 사용하는 것은 좋지만 초등 선생님들이 기존에 사용하던 초등 아이스크림과 비교한다면 너무나 부실한 교육자료를 가지고 있기 때문에 현재 온라인 수업의 학습 콘텐츠에 많은 부족함을 느끼고 있는 것이 사실이다. 사실 교육부 차원에서 '초등 아이스크림'과 같은 수준의 학습 사이트가 구축되어 있다면, 원격 수업을 맞이하는 선생님들의 혼란은 덜 했을 것이다. 개인적으로 교육부와 각 시·도교육청에 화가 나는 것은, 초등의 경우 '초등 아이스크림'처럼 쉽게 학습할 수 있는 학습공유 사이트를 만들어 주면 해결될 것임에도 불구하고 개인 선생님들의 교육적 헌신만을 내세우면서 교묘하게 그들의 책무를 선생님들에게 떠넘기고 있다는 점이다. 내가 주장하는 것은 교육부와 각 시·도 교육청 차원에서 선생님들이 믿고 사용할 수 있는 전국 차원의 학습 사이트를 개설하는 것이다. 그 방법은 의외로 간단하다. 각 교과에 전문적 지식을 가진 선생님과 학습자료를 개발할 수 있는 민간 기술자의 협력을 통해서 전국 단위 학습 사이트를 구축하면 되는 것이다. 이런 작업은 10년 전 사이버 가정학습이 구축되었던 것을 보면 아주 쉽게 알 수 있다. 궁극적으로 학습 콘텐츠는 교육부가 시도 교육청과 협력하여 전국 단위의 학습 사이트를 만들어 주어야 선생님들의 혼란을 줄일 수 있으며, 학생들은 교육의 질을 보장받을 수 있을 것이다.

원격 수업은 진정한 수업이 될 수 없다는 것은 누구나 알고 있다. 원격 수업은 코로나 19와 같은 긴급 상황에서 어쩔 수 없이 사용하는 마지막 수단이다. 현재 거론되고 있는 국가 재난 기금은 국가적 재난을 맞이한 국민에게 한시적으로 기금을 주는 것이지 평소에 국가 재난 기금을 주지 않는 것처럼 원격 수업은 특별한 긴급 상황으로 학생들이 학교에 등교하지 못할 것을 대비해 주는 재난 기금과 같은 것이다. 그러므로 원격 수업이 마치 새로운 시대의 교육의 선도 주자인 것처럼 호도하는 것은 참으로 어리석은 행동이며 무책임한 일이라고 생각한다.

모든 학생이 글로벌 리더가 될 수 있도록 재능을 발굴·육성하는 21세기 교육 패러다임으로 스마트 교육을 야심차게 실시하였지만 지금은 약간의 명맥만 유지하고 있다. 스마트 교육이 실패한 이유를 여기서 모두 설명할 수는 없지만 스마트 교육뿐만 아니라 디지털 교과서 그리고 거꾸로 수업, 코딩 교육 등등 4차 혁명 시대를 위해 꼭 필요하다고 주창되는 교수 방법이 완전히 사라진 것은 아니지만 초창기의 열풍과는 달리 몇몇 선도적인 선생님들에 의해서만 유지되고 있다.

개인적으로 스마트 교육이라 불리는 제4차 혁명을 대비한 교수법이 제대로 교육 현장에서 뿌리 내리지 못한 것은 교수 방법이 잘못된 것이 아니라 그 교수법의 장점에만 집중하여 피력함으로써 그 교수법의 문제점을 간과한 것이라고 생각한다. '거꾸로 수업'을 예로 들면, '거꾸로 수업'의 기본적인 취지는 잘못된 것이 없다고 생각한다. '거꾸로 수업'을 한마디로 표현하기 힘들지만 나 나름대로 최선을 다해 설명하면, 선생님이 미리 수업을 준비하여서 학습 사이트에 올려놓으면 학생들이 그것을 미리 예습하고 와서 학교에서 토론·토의 학습을 실시하는 것이다. '거꾸로 수업'은 한 때 엄청나게 유행하였지만 지금은 시들하다. '거꾸로 수업'이 시들하게 된 이유를 살펴보면, 첫째 선생님들의 의도대로 학생들이 미리 예습해 오는 경우가 많지 않았다는 것이다. 소수의 모범생들은 수업을 준비해 오지만 대부분의 아이들은 예습을 해 오지 않아서 선생님이 소수의 모범생과 수업을 하는 결과만을 가져왔다. 개인적으로 '거꾸로 학습'이 유행하지 못한 결정적인 이유는 '거꾸로 수업'이 선생님 개인의 교육적 열정을 과도하게 요구하였다는 것이다. '거꾸로 수업'을 제대로 하기 위해서 선생님은 미리 다음 날의 수업 6교시를 공부하고 학습자료를 다 만들어서 학습 사이트에 게재해야 했다. 몇몇 선생님들은 그것이 가능하겠지만 많은 선생님들에게 일반화하는 것은 불가능하였기에 '거꾸로 수업'의 아름다운 시도는 실패로 끝날 수밖에 없다는 것이 나의 생각이다. 내가 하고 싶은 이야기는 스마트 교육이든 '거꾸로 수업'이든 그 교육이 가지고 있는 장단점을 면밀히 살펴보아야 실천적 시행착오를 줄일 수 있다는 것이다.

나는 원격 수업이라는 광풍이 코로나 19 정국 후에는 전염병의 그것처럼 사그라들 것이라고 예상한다. 교육부는 비상시국을 대비하여 원격 수업의 사이트를 만들어 두겠지만 일반 선생님은 그 사이트를 자주 들어갈 필요가 없을 것이다. 10년 전에는 21세기를 위한 자기 주도적 학습이라고 막대한 예산으로 사이버 가정학습 콘텐츠를 구축하고 선생님 연수를 실시하였으며, 심지어 사이버 가정학습을 열심히 하는 학생들에게 상품권을 주었는데도 불구하고 선생님들에게 외면받은 것을 생각해 보면 원격 수업의 앞날은 쉽게 예상된다.

원격 학습이 코로나 19 이후로 사라질 것이라는 나의 예상을 증명할 또 다른 예는 MS사의 미래 교육 프로젝트이다[29]. MS사는 3000억 원에 가까운 돈을 들여서 학교를 스마트한 과학 기자재로 리모델링 하였지만 학부모들 사이에서 미래학교는 가르치지 않는 학교로 소문나면서 지금은 몇 개의 학교만이 존재하고 있다[30].

---

29. MS사의 미래교육 프로젝트 관련 기사 : http://cafe.daum.net/xmrahrrhrhkgkr/6HdA/637?q=MS%EC%9D%98%20%EB%AF%B8%EB%9E%98%EA%B5%90%EC%9C%A1 (검색일 : 2020년 12월 27일)
30. 최태성 세계 학교 탐방 : http://blog.naver.com/PostView.nhn?blogId=yms0321&logNo=221857679315 (검색일 : 2020년 12월 27일)

MS사의 미래학교가 성공하지 못하는 것을 보면서 배울 수 있는 것은 최첨단의 기계나 화려한 교육 기술이 교육을 선도하는 것이 아니라는 것이다. MS사의 미래학교를 설계한 사람들은 21세기에는 최첨단 기계의 조작을 통해서 제대로 된 교육이 가능할 것이라고 생각하였지만 교육 현장은 최첨단 기계를 다룬다고 지식이 전달되는 곳이 아니다. MS사가 간과하고 있었던 것은 바로 선생님이었다. 첨단 기계를 교과와 어떻게 연결할지를 고민하는 선생님에 대한 지원과 연수가 없었기에 실패할 수밖에 없었다. '교육의 질은 선생님의 질을 넘을 수 없다.'라는 교육계의 말은 늘 定言命令이다.

코로나 19라는 비상시국에서 원격 수업의 광풍이 찾아오는 것은 당연하고 담담하게 받아들여야 한다. 나에게 맡겨진 학생들을 위해서 최선을 다해 학습 콘텐츠를 구축하는 것은 당연하지만 절대로 잊지 말아야 할 것이 있다. 원격 수업은 비상시국에 주어지는 비상 재난 기금이라는 개념으로 생각하고, 선생님 개인의 노력만으로 과도하게 노력하기보다는 단위학교의 학년 선생님들과 협의하여 학습 사이트를 구축하는 것이 현명한 방법이라는 것이다. 혼자서는 멀리 갈 수 없다. 함께 해야 멀리 갈 수 있듯이 선생님별로 학습 콘텐츠를 구성할 것이 아니라 최소한 학교의 학년 선생님들과 같이 협력하여 학습 콘텐츠를 구축하면 좋을 것 같다. 교육부나 시도 교육청이 의도적으로 TV에서 보여주는 쌍방향 수업이나 원격 수업은 멋지게 보이지만 일반 선생님들이 하기에는 컴퓨터 기술의 부족과 준비 과정이 너무 과도하다는 것을 생각해야만 한다. 그리고 결정적으로 그런 수업은 화려하게 보이지만 자세히 수업을 분석해 보면, 이솝 우화의 깃털 빠진 까마귀와 같이 좋은 것들은 모두 가져다 놓았지만 정체불명의 교육을 하고 있다는 점을 깊이 성찰할 필요가 있다. 나는 제대로 된 교육부라면, 조만간에 지금의 E- 학습터 수준이 아니라 선생님 누구나가 자유롭게 사용할 수 있는 학습 사이트를 제대로 구축할 것이라 믿어 의심하지 않는다.

나는 코로나 19의 비상시국이 끝나고 1년 후에도 원격 수업에 관한 선생님 연수는 계속적으로 있겠지만 늘 그랬던 것처럼 지금과 같이 원격 수업을 대대적으로 실시하지는 않을 것이라고 생각한다. 너무나 안타깝지만 지금까지 교육 현장의 모습에 비추어 예상해 보면 원격 수업에 대한 미래는 너무나 명확하기 때문이다. 대구 학생의 극단적인 선택 이후로 교육당국은 학교 폭력 교육을 강화하는 것처럼 보였지만 지금은 명맥만 남아 있고, 전 국민들을 슬프게 만들었던 세월호 사건 이후에 학교 학생 안전교육에 대한 많은 연수가 이어졌지만 점차 잊혀지고 있는 것을 보면 지금 광풍처럼 불고 있는 원격 연수의 바람은 코로나 19의 전염 속도와 함께 서서히 명멸할 것이 확실하다.

다시 이야기하지만 원격 수업은 정식 수업이라 아니라 학교를 개학할 수 없는 특수한 상황에서 할 수 있는 임시방편에 불과하다는 것을 명심하고, 원격 수업을 준비하면서도 수업 내용을 평소에 어떻게 적용할 것인가를 끊임없이 생각해 보아야 할 것 같다.

코로나 19 교육 비상시국과 원격 수업의 광풍 속에서 내가 사랑하는 나의 제자 선생님들에게 하고픈 이야기는 다음과 같다. 첫째, 원격 수업은 정식 수업이 아니고 임시방편이라는 것이다. 둘째, 원격 수업을 준비할 때는 선생님 개인의 노력뿐만 아니라 학년 선생님과 협의하에 온라인 수업을 준비하라는 것이다. 셋째, 조금만 시간을 기다리면 교육부나 시도 교육청 차원 전국 단위 학습 사이트를 개설할 것이니 그것을 잘 이용하여 수업하라는 것이다. 넷째, 지금은 원격 수업의 광풍이 휘몰아치고 있으니 원격 수업의 장단점을 잘 살펴보고 수업을 준비하라는 것이다. 다섯째, 가장 중요한 것은 시대의 상황에 따라 유행하는 새로운 교수법(지금은 원격 수업)에 매몰되는 것이 아니라 교육 철학적 관점에서 좀 더 멀리 내다보고 그대들의 수업에 대한 열정을 불태우라는 것이다.

마지막으로 신호등[31]이라는 짧은 시를 보면서 힘든 시기에 힘을 내시길 바라며, 펭수의 말로 나의 마음을 대신합니다. '제자 선생님들 사랑합니다.'

우리가
신호등을 기다릴수 있는 이유는
곧 바뀔거라는 걸
알기 때문이다
그러니 힘들어도
조금만 참자
곧 바뀔거야
좋게
신호등처럼 - 글배우

31. 글배우(2016), 『신호등처럼』, 답(도서출판)

초등학교에서
긍정심리학
실천하기

초판 1쇄 발행 2021년 5월 5일

지 은 이 추병완 김광수 전수인
펴 낸 이 꿈구두
펴 낸 곳 꿈구두
디 자 인 안혜숙 조예진

출판등록 2019년 5월 16일 | 제 2019-000010호
블 로 그 https://blog.naver.com/edu-atoz
이 메 일 edu-atoz@naver.com
I S B N 979-11-91607-02-4

책값은 표지 뒤쪽에 있습니다.
파본은 구입하신 서점에서 교환해드립니다.